Dr. Wilfried Dann

Das Konkursvorrecht der Öffentlichen Abgaben

FINANZWISSENSCHAFTLICHE FORSCHUNGSARBEITEN

Neue Folge Heft 24

Herausgegeben von Prof. Dr. G. Schmölders, Universität Köln

Das Konkursvorrecht der Öffentlichen Abgaben

Von

Dr. Wilfried Dann

DUNCKER & HUMBLOT / BERLIN

Alle Rechte vorbehalten
© 1962 Duncker & Humblot, Berlin
Gedruckt 1962 bei Hans Winter Buchdruckerei, Berlin SW 61
Printed in Germany

Inhalt

Erster Teil

**Darstellung und geschichtliche Entwicklung
des Konkursvorrechts des Fiskus**

Erstes Kapitel: *Darstellung des Konkursvorrechts des Fiskus* 9
1. Die Bestimmungen der Konkursordnung 9
2. Die Bestimmungen der Vergleichsordnung 9
3. Die Bestimmungen des Lastenausgleichsgesetzes 10
    a) Vermögensabgabe 10
    b) Kreditgewinnabgabe 11
    c) Hypothekengewinnabgabe 11

Zweites Kapitel: *Die geschichtliche Entwicklung des Konkursrechts und der Konkursvorrechte, insbesondere des Konkursvorrechts des Fiskus* 13
1. Die geschichtliche Entwicklung des Konkursrechts 13
    a) Die Quellen der heutigen Konkursordnung 13
    b) Die Entstehungsgeschichte der Konkursordnung vom 10. Februar 1877 14
    c) Die weitere Entwicklung des Konkursrechts seit 1877 15
2. Die geschichtliche Entwicklung der Konkursvorrechte und insbesondere der des Fiskus 16
    a) Die geschichtliche Entwicklung der Konkursvorrechte 16
    b) Die geschichtliche Entwicklung des Konkursvorrechts des Fiskus 19

Drittes Kapitel: *Das Konkursvorrecht der öffentlichen Abgaben in anderer als wirtschaftlicher Sicht* 21

Zweiter Teil

**Die Probleme in den bestehenden gesetzlichen Vorschriften
des Konkursvorrechts der öffentlichen Abgaben**

Erstes Kapitel: *Der Begriff der „öffentlichen Abgaben"* 24

Zweites Kapitel: *Das Konkursvorrecht als Eigenschaft der Forderung* 26

Drittes Kapitel: *Die Einjahresfrist des § 61 Ziff. 2 KO* 27

Viertes Kapitel: *Begriff und Bedeutung der Fälligkeit der Abgabenansprüche* 28
1. Der Begriff der Fälligkeit im Sinne des § 61 Ziff. 2 KO 28
2. Begründung und Entstehung der Steueransprüche 30

3. Die Maßgeblichkeit des Zeitpunktes der ersten Fälligkeit für die Einjahresfrist des § 61 Ziff. 2 KO 33

Fünftes Kapitel: *Der Kompetenzstreit der ordentlichen und der Finanzgerichte in Fragen des Konkursvorrechts der öffentlichen Abgaben* .. 42

Dritter Teil

Grundsätzliche Kritik am Konkursvorrecht der öffentlichen Abgaben

Erstes Kapitel: *Kritik der Rechtfertigungsargumente* 46

1. Das fiskalische Konkursvorrecht als Bestandteil aller Rechtsordnungen 46
2. Das Konkursvorrecht der öffentlichen Abgaben als Maßnahme zur Sicherung der Haushaltseinnahmen 48
3. Die Sicherung der begründeten oder entstandenen noch nicht fälligen Ansprüche des Fiskus durch das Konkursvorrecht 60
4. Das Erfordernis besonderer Sicherstellung notwendiger Steuerkredite 63
5. Der Zwangscharakter der Gläubigerstellung des Fiskus 66
6. Die Überlastung der Finanzbehörden 67

Zweites Kapitel: *Die Kritik am Konkursvorrecht des Fiskus* 68

Vorbemerkung: Die Gefährdung des Konkurses als Institution 68
1. Die Kritik aus rechtssystematischer Sicht 71
   a) Die Erhebung von Vorauszahlungen 71
   b) Gesetzlich begründete dingliche Haftung für Steueransprüche 72
   c) Sicherungsmöglichkeiten der Finanzverwaltung 73
2. Die Kritik aus volkswirtschaftlicher Sicht 75
   a) Die fehlende Übereinstimmung von Rechts- und Wirtschaftsordnung hinsichtlich des Konkursvorrechts des Fiskus 75
   b) Die Auswirkungen des Konkursvorrechts des Fiskus auf den Konjunkturverlauf 76
   c) Störungen der Kreditwirtschaft durch das fiskalische Konkursvorrecht 78
3. Die Kritik aus der Sicht der Gläubiger 80
   a) Die Insolvenzverluste als Grund von Liquiditätsschwierigkeiten der Gläubiger 80
   b) Die Belastung der nichtbevorrechtigten Gläubiger mit den Steuern des Gemeinschuldners 82
   c) Das Konkursvorrecht des Fiskus als Hindernis aussichtsreicher Prozesse oder Kostenzuschüsse von Gläubigern 84
4. Die Kritik gegen die Handhabung des Konkursvorrechts seitens der Finanzverwaltung 85
   a) Fiskalisches Denken der Finanzverwaltung 85
   b) Interesselosigkeit der Finanzverwaltung 86
   c) Verzögerungen in der Eröffnung der Insolvenzverfahren 87

Inhalt

Vierter Teil

Die heute angewandten Mittel und die Vorschläge zur Ausschaltung der negativen Folgen des fiskalischen Konkursvorrechts

Erstes Kapitel: *Die Möglichkeiten der Finanzverwaltung* 91

  1. Verzicht auf die Anmeldung des Konkursvorrechts nach § 61 Ziff. 2 KO 91

  2. Der Billigkeitserlaß von Steuern auf Grund von § 131 AO 92

Zweites Kapitel: *Die Möglichkeiten der Gläubiger* 94

Drittes Kapitel: *Der Vorschlag der Senkung der Steuerbelastung* 95

Viertes Kapitel: *Der Vorschlag der Abschaffung des fiskalischen Konkursvorrechts* 96

Fünftes Kapitel: *Der Vorschlag der Einschränkung des fiskalischen Konkursvorrechts* 97

Literaturverzeichnis 101

Abkürzungen

AO	=	Reichsabgabenordnung
BFH	=	Bundesfinanzhof
BGB	=	Bürgerliches Gesetzbuch
BGBl	=	Bundesgesetzblatt
BGH	=	Sammlung der Entscheidungen des Bundesgerichtshofes
DStZ	=	Deutsche Steuerzeitung
EFG	=	Entscheidungen der Finanzgerichte
EStG	=	Einkommensteuergesetz
FG	=	Finanzgericht
GG	=	Grundgesetz der Bundesrepublik Deutschland
GmbH	=	Gesellschaft mit beschränkter Haftung
KO	=	Konkursordnung
KTS	=	Konkurs-, Treuhand- und Schiedsgerichtswesen
LAG	=	Lastenausgleichsgesetz
LStDV	=	Lohnsteuerdurchführungsverordnung
MDR	=	Monatsschrift für Deutsches Recht
NJW	=	Neue Juristische Wochenschrift
OFD	=	Oberfinanzdirektion
OLG	=	Oberlandesgericht
RFH	=	Reichsfinanzhof
RG (auch RGZ)	=	Sammlung der Entscheidungen des Reichsgerichts
RGBl	=	Reichsgesetzblatt
RStBl	=	Reichssteuerblatt
StAnpG	=	Steueranpassungsgesetz
StuZBl	=	Steuer- und Zollblatt
UStG	=	Umsatzsteuergesetz
VglO	=	Vergleichsordnung
ZPO	=	Zivilprozeßordnung

Erster Teil

Darstellung und geschichtliche Entwicklung des Konkursvorrechts des Fiskus

Erstes Kapitel

Darstellung des Konkursvorrechts des Fiskus

1. Die Bestimmungen der Konkursordnung

Der § 61 der Konkursordnung vom 10. Februar 1877[1] bestimmt, daß die Forderungen der Reichskasse, der Staatskassen und der Gemeinden, sowie der Amts-, Kreis- und Provinzialverbände wegen öffentlicher Abgaben, welche im letzten Jahre vor der Eröffnung des Verfahrens fällig geworden sind oder nach § 65 als fällig gelten, in Konkursfällen an zweiter Stelle innerhalb der Rangordnung des § 61 Berücksichtigung finden, wobei es hierbei keinen Unterschied macht, ob der Steuerschuldner die Abgabe bereits vorschußweise zur Kasse entrichtet hat.

2. Die Bestimmungen der Vergleichsordnung

Dieses Vorrecht des Fiskus findet sich in der Vergleichsordnung[2] insoweit, als nach § 26 Abs. 1 Vgl.O. die Gläubiger, deren Forderungen im Konkurs ein Vorrecht genießen, nicht Vergleichsgläubiger sind. Der Unterschied zur Stellung des Fiskus im Konkursverfahren liegt also darin, daß im Konkursverfahren solche Forderungen des Fiskus zu den Konkursforderungen gehören und nur insoweit eine Sonderstellung haben, als den Gläubigern wegen dieser Forderungen vorzugsweise Befriedigung aus der Konkursmasse zuteil wird. Im Vergleichsverfahren scheiden diese Forderungen als Vergleichsforderungen gänzlich aus[3]. Sie haben also im Vergleich überhaupt keine verfahrensrechtliche Stellung[4]. Letztlich ist also dadurch die Stellung des

---

[1] In der Fassung der Bekanntmachung des Reichskanzlers vom 20. Mai 1898 (RGBl. S. 612) auf Grund des Gesetzes betreffend Änderungen der Konkursordnung vom 17. Mai 1898.
[2] Vom 26. Februar 1935 (RGBl. I S. 321, Ber. S. 356).
[3] Böhle-Stamschräder, Vergleichsordnung, 4. Aufl., München und Berlin 1957, S. 66.
[4] Kiesow, Kommentar zur Vergleichsordnung, 2. Aufl., Mannheim-Berlin-Leipzig 1928, S. 117.

Fiskus noch mehr gefestigt, als der Gläubiger keinen verfahrensmäßigen Beschränkungen unterliegt. Dies ist auch beabsichtigt, was daraus ersichtlich wird, daß, anders als im Konkursverfahren, der Gläubiger bevorrechtigter Forderungen auch nicht durch einen Verzicht auf das Vorrecht Vergleichsgläubiger werden kann[5].

Im Gegensatz zum überwiegenden Teil der Literatur und auch zu einer Entscheidung des Reichsgerichts[6] steht Rieger[7] auf dem Standpunkt, daß der § 25 Vgl.O. mit seiner Definition des Vergleichsgläubigers kein unabdingbares Recht sei. Er hält einen Verzicht für möglich und führt die beachtlichen Argumente an, daß die Beteiligung des Fiskus am Verfahren durch einen Konkursantrag mit nachfolgendem Zwangsvergleich erzwungen werden könne, und daß das Vorrecht nicht stärker in seiner verfahrensrechtlichen Stellung sein dürfe als ein Absonderungsrecht. Darauf könne im Vergleich jederzeit verzichtet werden. Bei Würdigung dieser Argumente muß die derzeitige gesetzliche Regelung als unbefriedigend angesehen werden, denn es ist nicht einzusehen, warum bei einem Verzicht eines Vorrechtsgläubigers im Vergleich dieser Verzicht außerhalb des Verfahrens durch Erlaß oder teilweisen Erlaß der Forderung erfolgen soll, wodurch dem Vorrechtsgläubiger im Verfahren jegliche Einflußmöglichkeit genommen ist. Auch hier wäre im Zuge der Insolvenzrechtsreform eine Änderung am Platze. Der Annahme von Rieger, bei der derzeitigen gesetzlichen Regelung die Möglichkeit der Teilnahme eines auf das Vorrecht verzichtenden Gläubigers am Vergleichsverfahren als gegeben anzusehen, wird allerdings nicht zuzustimmen sein, ergibt sich doch schon aus der amtlichen Begründung, daß die bevorrechtigten Gläubiger bewußt ausgeschlossen werden sollten[8].

3. Die Bestimmungen des Lastenausgleichsgesetzes

a) Vermögensabgabe

Schließlich hat das Konkursvorrecht des Fiskus im Lastenausgleichsgesetz[9] teilweise eine Erweiterung, teilweise eine Einengung erfahren. Hinsichtlich der Vermögensabgabe erweitert § 63 Abs. 2 LAG das Vor-

---

[5] So auch Böhle-Stamschräder, a.a.O., S. 63 u. 66; Kiesow, a.a.O., S. 117; Jaeger, Lehrbuch des deutschen Konkursrechts, 8. Aufl., Berlin u. Leipzig 1932, S. 223.
[6] RGZ 129, 228.
[7] Rieger, W., Beteiligung eines Vergleichsgläubigers an einem konkursabwendenden oder konkursbeendenden Vergleich infolge Verzichtes auf das Vorrecht; in: Betriebsberater 1953, S. 786 ff.
[8] Amtliche Begründung der Vergleichsordnung vom 26. Februar 1935; Deutsche Justiz 1935, S. 390.
[9] Gesetz über den Lastenausgleich vom 14. August 1952 (BGBl. 1952 I Nr. 34 S. 446).

recht auf die in den beiden letzten Jahren vor der Konkurseröffnung fällig gewordenen Vierteljahresbeträge und beschränkt es auf die Summe von zehn weiteren Vierteljahresbeträgen (Nennbeträgen) der erst gemäß § 65 KO durch die Konkurseröffnung fällig gewordenen Vierteljahresbeträge, die gemäß § 63 Abs. 1 LAG in Höhe des Zeitwerts (§ 77 LAG) Konkursforderung werden.

b) Kreditgewinnabgabe

Für die Kreditgewinnabgabe erweitert § 180 Abs. 2 LAG das Vorrecht auf die in den beiden letzten Jahren vor der Konkurseröffnung fällig gewordenen Vierteljahresbeträge und beschränkt es auf 10 v. H. der Abgabeschuld nach ihrem Stand vom 21. Juni 1948 von dem durch die Eröffnung des Konkursverfahrens fällig gewordenen Nennwert der Abgabeschuld.

c) Hypothekengewinnabgabe

Ähnliche Vorschriften für die Hypothekengewinnabgabe kennt das Lastenausgleichsgesetz nicht. Dies mag in erster Linie daran liegen, daß die Hypothekengewinnabgabe „im Regelfall eine als dingliche Belastung ohne persönliche Schuld gestaltete öffentliche Last ist"[10]. Daraus folgt, daß der Fiskus im Konkurs- und Vergleichsfalle vorwiegend die Stellung eines Absonderungsberechtigten gemäß § 47 KO einnimmt. Eine persönliche Hypothekengewinnabgabeschuld besteht nur in drei Fällen:

a) für den Eigentümer gemäß § 111 Abs. 3 LAG hinsichtlich der während der Dauer seines Eigentums fälligen Leistungen,

b) für den Eigentümer gemäß § 111 Abs. 5 Ziff. 2 LAG wenn er, um eine Entlassung von Grundstücken oder Grundstücksteilen zu erreichen, eine persönliche Abgabeverpflichtung eingegangen ist, und

c) für den, der am 20. Juni 1948 Schuldner der umgestellten Reichsmarkverbindlichkeit war, gemäß § 118 Abs. 3 LAG in den Fällen, in denen das Grundstück zwischen dem 21. Juni 1948 und dem 1. September 1952 veräußert wurde, ohne daß bereits nach dem Hypothekensicherungsgesetz Umstellungsgrundschulden entstanden waren.

Für diese Fälle gibt es keine gesetzliche Regelung, die etwa dem § 63 und 180 LAG vergleichbar wäre. So muß für die Fälle persönlicher Hypothekengewinnabgabeschuld die grundlegende Bestimmung des § 61 Ziff. 2 KO eingreifen, d. h. es sind die volle Abgabeschuld

---

[10] Lange, Die persönliche Hypothekengewinnabgabeschuld im Konkurs und Vergleich, Rundschau für den Lastenausgleich 1956, S. 323.

zum Zeitpunkt der Konkurseröffnung und die im letzten Jahre vor Konkurseröffnung fälligen Beträge bevorrechtigt.

Hiergegen hat Kuch[11] Bedenken. Diese gründen sich im wesentlichen darauf, daß wegen der Höhe der Hypothekenschulden Benachteiligungen der nicht bevorrechtigten Gläubiger vorkämen, ja daß Verfahren eventuell mangels Masse gar nicht eröffnet werden können oder ein gerichtlicher Vergleich wegen des Ausscheidens der bevorrechtigten Forderungen nicht zustande komme. Diese Bedenken, die weniger rechtlicher Art sind, veranlassen Kuch zu dem Vorschlag, die persönlichen Hypothengewinnabgabeschulden im Konkurs in Analogie zu § 63 LAG genauso zu behandeln wie Vermögensabgabeschulden.

Dagegen hat Lange[12] mit Recht Einwendungen. Er bestreitet die Möglichkeit, Analogieschlüsse vorzunehmen, weil das Geltendmachen der verschiedenen Lastenausgleichsabgaben keineswegs wesensgleiche Vorgänge sind. Während bei der Vermögensabgabe eine neue Verbindlichkeit mit dem 21. Juni 1948 entstanden sei (§ 20 LAG), trete bei der Hypothekengewinnabgabe der Fiskus lediglich in eine am 21. Juni 1948 schon bestehende absonderungsberechtigte Forderung in Höhe von neun Zehntel des bestehenden Betrages ein (§§ 99 bis 103 LAG). Für den Schuldner ändere sich bei der Hypothekengewinnabgabe nichts.

Diese Feststellung bedarf einer näheren Untersuchung hinsichtlich der drei Fälle der persönlichen Hypothengewinnabgabeverbindlichkeiten. Langes Ausführungen ist beizupflichten, soweit sie sich auf den Fall des § 118 LAG beziehen[13]. Eine Beeinträchtigung der Rechtsstellung der übrigen Gläubiger tritt ja erst dann ein, wenn der Fiskus an die Stelle nicht bevorrechtigter Gläubiger tritt. Im Falle des § 118 LAG ist das aber nicht der Fall, da er an die Stelle eines absonderungsberechtigten Gläubigers tritt.

Das gilt auch für den Fall des § 111 Abs. 5 Ziff. 2 LAG, denn auch bei der Haftentlassung von Grundstücken oder Grundstücksteilen verzichtet der Fiskus auf das Absonderungsrecht im Konkurs, um dafür

---

[11] Kuch, Die Hypothekengewinnabgabe als persönliche Abgabenschuld im Konkurs und Vergleich, Rundschau für den Lastenausgleich 1956, S. 121.
[12] Lange, Rundschau für den Lastenausgleich, a.a.O., S. 324.
[13] Lange, a.a.O., S. 324: „In den Fällen des § 118 LAG verzichtet nun der Fiskus auf das als selbstverständlich hingenommene Absonderungsrecht, um den Käufer zu schützen, der ein Grundstück gekauft hat und zur Zeit des Kaufvertrages darauf vertrauen konnte, daß eine Abgabeschuld entstanden war, weil nach dem Hypothekensicherungsgesetz keine Umstellungsgrundschulden entstanden waren. Es ist kein Grund ersichtlich, daß der Fiskus in diesen Fällen der Hypothekengewinnabgabe darüber hinaus auch noch auf das Vorrecht gemäß § 61 Ziff. 2 KO zugunsten anderer Gläubiger in gleichem Umfang wie bei der Vermögensabgabe verzichten soll, da auch bei der persönlichen Hypothekengewinnabgabe den Gläubigern keine neue Schuld vorgeht, die nicht bereits früher bestanden hätte."

die verfahrensrechtlich nicht so starke Position eines Vorrechtsgläubigers einzunehmen. Würde diese Stellung noch weiter eingeschränkt sein, wie Kuch es befürwortet, würden die Finanzämter in diesen Fällen wohl nur dann die Genehmigung zur Haftentlassung erteilen, wenn ausreichende andere Sicherheiten bestellt werden.

Anders liegt aber der Fall des § 111 Abs. 3 LAG. In diesem Falle besteht das Vorrecht des Fiskus auch für die Teile der Abgabeschuld, die bei einer Veräußerung des belasteten Grundstücks nicht beglichen werden können. Hinsichtlich dieser Beträge nähme der Fiskus eine Stellung im Verfahren ein, die zu einer Benachteiligung der übrigen Gläubiger führt, weil üblicherweise der absonderungsberechtigte Gläubiger hinsichtlich der durch das Absonderungsrecht nicht gedeckten Beträge kein Vorrecht genießt. Zwar gilt auch hier Langes Feststellung, daß sich für den Schuldner nichts ändert, doch tritt hier eine Verschlechterung der Rechtsstellung der nichtbevorrechtigten Gläubiger ein. Wenn auch diese Fälle in normalen Zeiten nicht so häufig vorkommen, so treffen sie doch bei den Trümmergrundstücken zu, die aus der Zeit der Reichsmarkwährung noch zum Teil mit hohen Grundpfandrechten belastet waren.

Sicherlich würde hier Kuchs Vorschlag einer analogen Anwendung des § 63 LAG eine gewisse Erleichterung bringen; ob sie ausreichend wäre, muß man aber bezweifeln, da ja auch bei Anwendung der Regelung des § 63 LAG noch hohe Beträge bevorrechtigt wären, die in den meisten Fällen die durch das belastete Grundstück ungedeckten Teilbeträge der Hypothekengewinnabgabeschuld übersteigen. Der Vorschlag kann nur für die Rechtserneuerung von Bedeutung sein. Das geltende Recht läßt die analoge Anwendung des § 63 LAG nicht zu.

Zweites Kapitel

Die geschichtliche Entwicklung des Konkursrechts und der Konkursvorrechte insbesondere des Konkursvorrechts des Fiskus

1. Die geschichtliche Entwicklung des Konkursrechts

a) Die Quellen der heutigen Konkursordnung

Die Konkursordnung vom 10. Februar 1877 baut auf einem von Carl Hagens im Jahre 1872 verfaßten „Entwurf einer deutschen Gemeinschuldordnung" auf. Dieser Entwurf basiert im wesentlichen auf der preußischen Konkursordnung von 1855. Dieser Konkursordnung lag die Allgemeine Preußische Gerichtsordnung, das „gemeine"[14] deutsche Recht und das französische Recht[15] zu Grunde. Er berücksichtigte auch den königlich-sächsischen Entwurf einer Konkursordnung, sowie die von der preußischen Konkursordnung von 1855 beeinflußten Konkursordnungen Österreich-Ungarns[16] und Bayerns[17]. Von außerdeutschem Recht wurden die Konkursgesetze Englands[18], Nordamerikas[19] und Dänemarks[20] in dem Entwurf von Hagens verarbeitet.

b) Die Entstehungsgeschichte der Konkursordnung vom 10. Februar 1877

Ursprünglich als Entwurf einer Konkursordnung für den Norddeutschen Bund vom Bundesrat verlangt, ergab sich nach der Gründung des Deutschen Reichs die Möglichkeit, die Konkursordnung auf das gesamte Reichsgebiet auszudehnen. Sie wurde in den Komplex der sogenannten Reichsjustizgesetze einbezogen, zu denen außer der Konkursordnung noch die Zivilprozeßordnung, das Gerichtsverfassungsgesetz und die Strafprozeßordnung gehörten. Nachdem der Entwurf einer Deutschen Gemeinschuldordnung von Hagens bereits 1872 verfaßt wurde, dauerte es bis zur Verabschiedung des Gesetzes fast vier Jahre. Diese relativ lange Zeit erklärt sich weniger aus Meinungsverschiedenheiten in den Gesetzgebungskörperschaften über die Konkursordnung als aus solchen über die anderen drei „Reichsjustizgesetze", wobei die Gegensätze zwischen Reichstag und Bundesrat offenbar wurden, letztlich aber durch Kompromisse überwunden wurden. Die Entstehungsgeschichte der Konkursordnung ergibt sich am besten aus folgender Zeittafel von Jaeger[21]:

Februar 1870:	Bundesrat ersucht Kanzler, den Entwurf einer Norddeutschen Konkursordnung ausarbeiten zu lassen. Dieser regt beim preußischen Justizminister Abfassung an. Abfassung im wesentlichen von Hagens.
1871:	Gründung des Deutschen Reiches.

[14] Hierunter wird das normierte Recht in den deutschen Einzelstaaten verstanden.
[15] „Code de commerce" von 1807/1838, 3. Buch: des fallites et banqueroutes.
[16] Konkursordnung vom 9. Januar 1869.
[17] „Gant", 5. Buch der bayrischen Zivilprozeßordnung vom 29. April 1869.
[18] „act to consolidate and amend the low of bankrupty" vom 9. August 1869 (gültig seit dem 1. Januar 1870).
[19] „act to establish a uniform system of bankrupty throughout the United Staates" vom 2. März 1867 (gültig seit dem 1. Juni 1867).
[20] Gesetz über den Konkurs mit einigen Abänderungen des Pfand- und Exekutionsrechts vom 25. März 1872 (in Kraft getreten am 1. Oktober 1872).
[21] Jaeger, E., Die Konkursordnung auf der Grundlage des neuen Reichsrechts, Berlin 1902, S. 1 ff.

20. 12. 1873:	Durch Reichsgesetz wird die Zuständigkeit der Reichsgesetzgebung auf das gesamte bürgerliche Recht, das Strafrecht und das gerichtliche Verfahren erstreckt.
21. 12. 1873:	Beschluß des Bundesrats, den Entwurf zur Vorbereitung durch Juristen und Vertreter des Handelsstandes zu unterbreiten.
16. 3. 1874/31. 7. 1874:	Beratungen der Vorkommission.
21. 1. 1875:	Der Bundesrat legt den von der Kommission festgestellten und vom Bundesrat in einigen Punkten abgeänderten Entwurf dem Reichstag vor. Dieser überweist ihn einer Kommission von 14 Mitgliedern.
4. 11. 1875/4. 2. 1876:	Beratungen der Kommission, die eine Reihe weiterer, vorwiegend formaler Änderungen beschließt.
2. 12. 1876:	Annahme des Entwurfs in zweiter Lesung im Reichstag.
21. 12. 1876:	Annahme des Entwurfs in dritter Lesung im Reichstag.
10. 2. 1877:	Veröffentlichung der Konkursordnung.
1. 10. 1878:	Gesetzeskraft der Konkursordnung.
17. 5. 1898:	Novelle zur Konkursordnung (infolge Einführung BGB).
20. 5. 1898:	Bekanntmachung der neuen Fassung der Konkursordnung.

c) Die weitere Entwicklung des Konkursrechts seit 1877

Die Konkursordnung vom 10. Februar 1877 ist seit ihrer Neufassung vom 20. Mai 1898 nur wenig geändert worden[22]. Verschiedene Autoren bezeichnen sie daher als das beste der Reichsjustizgesetze[23]. Eine Kritik an der Konkursordnung setzte erst wieder Ende der zwanziger Jahre ein, als mit der Neufassung der Vergleichsordnung das Insolvenzrecht mehr in den Blickpunkt der Öffentlichkeit gerückt wurde. Auch darf nicht vergessen werden, daß die Anwendung der Konkursordnung während längerer Zeitabschnitte, wie in den beiden Weltkriegen und den jeweils nachfolgenden Jahren mit wenig stabilen Währungsverhältnissen zumindest stark eingeschränkt war. So setzt sich erst in den Jahren seit etwa 1950 die in der Mitte der zwanziger

---

[22] Schönfelder nennt nur acht Änderungen, die im wesentlichen begründet sind in Neuordnungen anderer Rechtsgebiete z. B. im Gesetz über die Gleichberechtigung von Mann und Frau auf dem Gebiete des bürgerlichen Rechts (Schönfelder, H., Deutsche Gesetze, 30. Aufl., Berlin und München 1957, Zusammenstellung der Gesetzesänderungen vor Abdruck der Konkursordnung).
[23] u. a. Mentzel, F., Kommentar zur Konkursordnung, 6. Aufl., Berlin und Frankfurt/Main 1955, in der Vorbemerkung.

Jahre begonnene Kritik fort. Vogels[24] kritisiert 1936 hauptsächlich die Schwerfälligkeit des Verfahrens, die Vorschriften über die Anfechtung schädlicher Rechtshandlungen, über die Konkursvorrechte, und über den Zwangsvergleich und resumiert darin im wesentlichen die Kritik anderer Autoren[25]. Nach dem zweiten Weltkrieg kritisiert Berges[26], die Konkursordnung stünde nicht mehr im Einklang mit der Ordnung des heutigen Wirtschaftslebens. Als wesentliche Merkmale führt er dabei die Entwicklung vom Agrar- zum Handels- und Industriestaat an und die wesentlich höhere Belastung der Wirtschaft durch die mannigfaltigen Anforderungen der öffentlichen Hand. Er fordert daher eine Gesamtreform des Insolvenzrechts, die den Einklang zwischen Wirtschaftsordnung und Rechtsordnung wieder herstellt.

2. Die geschichtliche Entwicklung der Konkursvorrechte und insbesondere der des Fiskus

a) Die geschichtliche Entwicklung der Konkursvorrechte

Die meisten Autoren vermuten den Ursprung der Konkursvorrechte im römischen Recht und der durch die Rezeption nach Deutschland gekommenen italienischen Praxis[27]. Zunächst hat wohl die dingliche Wirkung der Hypothek die Privilegierung persönlicher Forderungen herausgefordert, und dann bauten sich darauf die verschiedenen Vorrechtsordnungen auf. Die Motive, die der Bundesrat dem Entwurf der Konkursordnung an den Reichstag mitgab[28], vermeinten mit Recht, daß diese Vorrechtsordnung sich nur auf Grund der Idee vermeintlicher Gerechtigkeit und wirtschaftlichen Nutzens ausbreiten könnte.

---

[24] Vogels, W., Auswertung der Neuerungen der Vergleichsordnung für eine Weiterbildung des Konkursrechts aus: Beiträge zum Recht des neuen Deutschland (Schlegelberger-Festschrift), Berlin 1936, S. 190.

[25] z. B. Höver, Zur Rechtserneuerung im Konkursrecht, in: Deutsche Justiz, 1935, S. 513 ff., und Schumann, P., Gedanken über eine Reform der Konkursordnung, in: Deutsche Justiz, 1935, S. 1210 ff.

[26] Berges, A. M., Große oder kleine Insolvenzrechtsreform, in: Konkurs, Treuhand- und Schiedsgerichtswesen, 1955, S. 49 ff.

[27] So auch in den Motiven II zur Konkursordnung (Die gesamten Materialien zu den Reichsjustizgesetzen, herausgegeben von C. Hahn, Band 4: Die gesamten Materialien zur Konkursordnung und dem Einführungsgesetz zu derselben vom 1. Februar 1877, sowie zu dem Gesetze betreffend die Anfechtung von Rechtshandlungen eines Schuldners außerhalb des Konkursverfahrens vom 21. Juli 1879, Berlin 1891, S. 38).

[28] Diese werden als Motive II bezeichnet, während die Begründung, die vom preußischen Justizministerium ausgearbeitet wurde und den Bundesregierungen zugeleitet wurde, als Motive I im Schrifttum erwähnt werden. Der Verfasser schließt sich dieser unterschiedlichen Bezeichnung der beiden Begründungen an.

Diese Ordnungen bedürfen ständiger weiterer Verfeinerung[29], die zu der außerordentlich hohen Zahl von Vorrechten in den einzelnen Konkursgesetzen führte (z. B. in der Preußischen Allgemeinen Gerichtsordnung zu 67 Rangbestimmungen). Auch spielte der Gedanke eine Rolle, die Vorrechte seien zur Stützung des Personalkredits notwendig.

Nach den alten Vorrechtsordnungen war es notwendig, „die Feststellung der Rangordnung der einzelnen Ansprüche zu instruieren und dieselbe durch richterliche Entscheidung zu erledigen.

Die Präklusions- und Lokations-Erkenntnisse des gemeinsamen Konkursprozesses sind das Ergebnis dieses Systems des materiellen Konkursrechts; sie können nicht entbehrt werden, wenn das letztere unverändert bleibt"[30]. Der nächste Schritt war also die Gleichstellung der Forderungen an die Masse, abgesehen von einigen wenigen klar abgrenzbaren Vorrechten. Dieser Schritt wurde in der Preußischen Konkursordnung von 1855 verwirklicht. Es schlossen sich eine Reihe deutscher Länder an. So hatte Preußen nur noch acht Vorrechtsforderungen, Frankfurt sieben, Anhalt fünf und Nassau sogar nur drei. Diese bisher dargestellte Entwicklung der Konkursvorrechte erfährt insofern noch eine Ergänzung, als auch schon vor der Rezeption des römisch-italienischen Rechts sich in deutschen Gebieten, besonders in den größeren Handelsstädten (Lübeck, Hamburg, Bremen, Goslar, Frankfurt/Oder), eine Vorrechtsordnung herausbildete. Danach gab es bei Zwangsmaßnahmen mehrerer Gläubiger ein Vorrecht der „früheren Arrestanlegung vor der späteren"[31]. Diese Regelung, die außerhalb des Verfahrensrechts bei Konkursen stand, fand später besonders in den Ländern des sächsischen Rechts Aufnahme in das Konkursrecht insoweit, als das Vorzugsrecht des „früheren Arrestes" auch im späteren Konkurse respektiert wurde. Das Vorzugsrecht der früheren Arrestanlegung hat sich aber im deutschen Konkursrecht nicht durchsetzen können.

Schon seit der Einführung der preußischen Konkursordnung von 1855 setzte die Kritik an den Vorrechten ein, obwohl das preußische Konkursrecht nur noch acht Vorrechtsforderungen kannte. Ausgangspunkt war der Satz, der später auch in den Motiven zur Konkursordnung von 1877 Aufnahme fand: „Jede Bevorzugung des einen Gläubigers enthält eine Rechtskränkung der anderen, die volle Be-

---

[29] „Das Streben, Gerechtigkeit bis in das Kleinste zu üben, führte dahin, eine jede Ordnung gegen die andere auf die Waage der Billigkeit zu legen und danach ihren Vorzug zu bestimmen, — ein Weg, der immerwährende Nachhilfe verlangte und Vorrecht auf Vorrecht häufte, so daß ein Gläubiger privilegiert sein mußte, sollte er irgend Aussicht auf Befriedigung haben; ..." (Motive II, a.a.O., S. 236).
[30] Motive II, a.a.O., S. 38.
[31] Seuffert, L., Zur Geschichte und Dogmatik des deutschen Konkursrechts, Nördlingen 1888, S. 58.

friedigung des Einen geschieht auf Kosten der Anderen[32]." Im preußischen Konkursrecht konnte diese Kritik[33] keine Berücksichtigung finden.

Als Hagens dann 1872 den „Entwurf" einer deutschen Gemeinschuldordnung schrieb, fanden sich in dem Entwurf nur noch zwei Vorrechte, das der Arbeitnehmer und das der Kinder und Pflegebefohlenen bei Veruntreuungen[34]. Hier war also ein weiterer Schritt zur Beseitigung der Vorrechte getan worden. So findet sich auch dann in den Motiven der Satz: „Die Beseitigung aller Vorrechte muß das Ziel sein, welches das Gesetz nicht aus den Augen verlieren darf und unter diesem Gesichtspunkt sind die Ausnahmen zu prüfen, welche die Gesetze machen zu müssen geglaubt haben[35]."

Leider hat sich der Bundesrat bei seinen Beratungen den fortschrittlichen Einsichten des Entwurfs hinsichtlich der Vorrechte verschlossen und den zwei bevorrechtigten Forderungen des Entwurfs fünf hinzugefügt, so daß im Entwurf des Bundesrats sieben Vorrechtsforderungen enthalten waren. Der Reichstag hat sich dann bei seinen Beratungen einsichtsvoller gezeigt und wenigstens zwei Privilegien fallen gelassen, so daß fünf bevorrechtigte Forderungen in das Gesetz vom 10. Februar 1877 aufgenommen wurden. Die Tradition der Vorrechte hatte sich also stärker erwiesen[36]. Dieses starre Festhalten am Überkommenen wird am besten deutlich in den Motiven zum Referentenentwurf der österreichischen Konkursordnung von 1869[37].

Bis heute ist es bei den im wesentlichen aus Gründen der Tradition in die Konkursordnung von 1877 aufgenommenen Vorrechten ge-

---

[32] In Motive I, Motive zu dem Entwurf einer deutschen Gemeinschuldordnung, Berlin 1873, Verlag R. v. Decker, I. Band, S. 330; in Motive II, a.a.O., S. 238.

[33] Besonders Goltdammer, Kommentar und vollständige Materialien zur Konkursordnung vom 8. Mai 1855, 2. Ausgabe, Berlin 1855; Koch, C. F., Die Preußische Konkursordnung mit Kommentar, 2. Ausgabe, Berlin 1867; Koch, R., Zur Reform des Preußischen Konkursrechts, Berlin 1868.

[34] §§ 61 und 62 des Entwurfs einer deutschen Gemeinschuldordnung, veröffentlicht in Berlin 1873 im Verlag von Decker.

[35] Motive I, a.a.O., S. 330.

[36] Bedenken einzelner, wie des Abgeordneten Hullmann in der 1. Lesung der Reichstagskommission oder des Abgeordneten von Vahl in der 2. Beratung des Reichstagsplenums (23. Sitzung am 2. Dezember 1876) wurden schon von diesen selbst sehr zurückhaltend vorgebracht; vgl. Motive II, a.a.O., S. 556 und 717.

[37] „In der Tat erweisen sich die ... leitenden Gesichtspunkte, von welchen man zur Begründung der Vorrechte auszugehen pflegt ... bei näherer Prüfung größtenteils als unhaltbar; ... allein diese Neuerung wäre doch in Österreich zu radikal und würde zu sehr gegen alles Herkommen verstoßen, um nur die geringste Aussicht auf Annahme zu bieten" (so zitiert bei Kaserer, Kommentar zur Österreichischen Konkursordnung, Wien 1869, S. 85/86).

blieben. Die Kritik daran ist in der Zeit seit dem Inkrafttreten der Konkursordnung am 1. Oktober 1879 nie verstummt. Der wohl bekannteste der Kommentatoren des geltenden Konkursrechts, Ernst Jaeger, war in seiner Kritik im Jahre 1902 noch nicht so entschieden in seinem Urteil[38] — wohl wegen der noch fehlenden Erfahrung mit dem Konkursrecht über eine längere Zeit — im Jahre 1932 bezeichnet er das Vorrecht als „Feind des Rechts" und kommt zur Überzeugung, die Regelung der Vorrechte in der Konkursordnung von 1877 sei nicht mehr zeitgemäß. „Im Wandel der gesellschaftlichen und rechtlichen Gestaltung unseres Lebens haben die Konkursvorrechte ihre Daseinsberechtigung verloren[39]." Angriffe, besonders gegen die Konkursvorrechte des Fiskus und der Sozialversicherungsträger, wurden dann in den Jahren seit 1935 laut[40].

Nach dem zweiten Weltkrieg riß die Kritik an den Vorrechten ebenfalls nicht ab. Auch in diesen Veröffentlichungen waren in erster Linie die Vorrechte des § 61 Ziff. 1 und 2 KO Ziel der Angriffe[41]. Zu Gesetzesänderungen hat diese Kritik bis jetzt aber nicht geführt.

b) Die geschichtliche Entwicklung des Konkursvorrechts des Fiskus

Liegt der Ursprung der Konkursvorrechte im römischen Recht, so ist auch mit gutem Grund zu vermuten, daß die Konkursvorrechte des Fiskus im römischen Recht begründet wurden. Die Motive[42] der Konkursordnung sprechen auch klar aus, daß die fiskalischen Vorrechte aus der römischen Kaiserzeit stammen. Unter Hinweis auf von Savigny und Huschke[43] geben die Motive auch eine einleuchtende Be-

---

[38] Jaeger, E., Die Konkursordnung auf der Grundlage des neuen Reichsrechts, a.a.O., S. 414.
[39] Jaeger, E., Lehrbuch des Deutschen Konkursrechts", a.a.O., S. 64.
[40] So u. a. Vogels, W., Die Mängel der geltenden Konkursordnung und Vorschläge zu ihrer Beseitigung, im Jahrbuch der Akademie für deutsches Recht 1937, München, Berlin, Leipzig 1937, S. 218; Vogels in Schlegelberger-Festschrift, a.a.O., S. 190; Höver, a.a.O., in: Deutsche Justiz 1935, S. 1210 ff.; Mentzel, a.a.O., Vorbemerkung; Böhle-Stamschräder, Konkursordnung, 5. Aufl., München und Berlin 1958, S. 10.
[41] u. a. Knorr, E., Liquiditätsschwierigkeiten und Steuerrecht, in: Steuerberater-Jahrbuch 1949, S. 183/184; Berges, A. M., Die Vergleichsordnung in der Erprobung und Bewährung, in: Konkurs-, Treuhand- und Schiedsgerichtswesen 1955, S. 5; Weynen, W., Reformbedürftiges Konkursrecht, in: Der Betriebsberater, 1951, S. 453 ff.; Weiß, F., Zur Handhabung und Reform der Vergleichsordnung, in: Der Betriebsberater, 1952, S. 299.
[42] Motive I, a.a.O., S. 331.
[43] Von Savigny, Römische Staatsverfassung, in der Zeitschrift für geschichtliche Rechtswissenschaft, Bd. 6, Nr. V, und Band 11, S. 20 ff.; Huschke, Über den Census und die Steuerverfassung der früheren römischen Kaiserzeit, Berlin 1847.

gründung[44] für die Aufnahme der Vorrechte des Fiskus in das römische Konkursrecht.

Diese Begründung war zur Zeit der Schaffung eines einheitlichen deutschen Konkursrechts längst überholt. Trotzdem wurden die fiskalischen Vorrechte „durch tausendjährigen Besitz als wohlerworbene Rechte" betrachtet. So wertete die Sachverständigen-Kommission, die den Entwurf der Preußischen Konkursordnung von 1855 beriet, es als Entgegenkommen der Regierung, daß auf einen Teil der Privilegien verzichtet wurde[45]. Wenn man aber bedenkt, daß die Preußische Konkursordnung von 1855 das erstrangige Vorrecht den zweijährigen Staatsabgaben und das zweitrangige den zweijährigen Kommunal- usw. Abgaben einräumte und dazu noch im sechsten Rang den Forderungen des Fiskus aus Vermögensverwaltungen, Lieferungsverträgen und an Gebühren und Auslagen der Gerichte usw., sowie im siebenten Rang die Ansprüche der Kommunen und Körperschaften aus Vermögensverwaltungen bevorrechtigte, so erkennt man, wie zäh die Regierungen an den fiskalischen Vorrechten festhalten[46]. So wurde zur Begründung dieser Vorrechte angeführt, daß sie „mit Rücksicht auf das öffentliche Wohl" erforderlich seien.

Hagens nahm in seinen „Entwurf einer Deutschen Gemeinschuldordnung" keines der fiskalischen Vorrechte mehr auf. Aber wieder setzte sich die starre fiskalische Betrachtungsweise durch und in dem durch Bundesratsbeschlüsse abgeänderten Entwurf einer Deutschen Konkursordnung, der dann dem Reichstag vorgelegt wurde, waren im zweiten Rang das Vorrecht der einjährigen öffentlichen Abgaben und im fünften Rang das Vorrecht der Forderungen wegen „Defekten" aus Kassen- oder sonstigen Vermögensverwaltungen enthalten. Auch hier diente als Begründung wieder die Rücksicht auf das „Öffentliche Wohl".

In der ersten Lesung des Entwurfes durch die Reichstagskommission wurde das Vorrecht der Forderungen des Fiskus wegen der dem Gemeinschuldner zur Last fallenden Defekte wieder gestrichen, das Vorrecht der öffentlichen Abgaben besteht in der Normierung des § 61 Ziff. 2 der Konkursordnung noch heute.

---

[44] „Die römische Staatsverwaltung überließ nicht bloß ihre großartigen Bauten völlig an Unternehmer, verdang nicht nur alle Lieferungen an einzelne, sie verpachtete auch alle Einkünfte des ausgedehnten Reichs an die Gesellschaften der Staatspächter; und so beruhte nicht nur die finanzielle Ordnung, sondern gewissermaßen die Existenz des Staats auf dem regelmäßigen und gesicherten Eingang der Staatsforderung" (Motive I, a.a.O., S. 331).

[45] Goltdammer, a.a.O., S. 180.

[46] „Das fiskalische Vorrecht besteht in allen Ländern der Gegenwart, auch in England (für einjährige Steuerrückstände) und den Vereinigten Staaten; in Deutschland überall mit Ausnahme Nassaus" (Motive II, a.a.O., S. 239).

Es wird Aufgabe der vorliegenden Arbeit sein, diese Bestimmung darauf hin zu überprüfen, ob sie heute noch gerechtfertigt ist, und sich mit der jahrzehntelangen Kritik am Vorrecht der öffentlichen Abgaben auseinanderzusetzen.

Drittes Kapitel

Das Konkursvorrecht der öffentlichen Abgaben in anderer als wirtschaftlicher Sicht

Eine Betrachtung des Konkursvorrechtes des Fiskus darf nicht nur die betriebs- und volkswirtschaftlichen Probleme behandeln, sondern auch die rechtlichen Fragen müssen betrachtet werden. Das Hauptproblem ist die rechtliche Würdigung des Tatbestandes, daß der Staat als Fiskus den Grundsatz der Gleichbehandlung der Gläubiger im Konkursverfahren durchbricht.

Diese Sonderstellung ergab sich, wie schon ausgeführt, aus der Stellung, die der Staat im Rechtsleben der Völker einnnahm. Es kann angenommen werden, daß die aristotelische Staatsauffassung, die im Staat ein übergeordnetes Prinzip sah, die Grundlagen für das Privilegium des Fiskus bildete, das alle Zeiten seit dem römischen Kaiserreich überdauert hat. Den Erfordernissen des Staates mußte sich der Einzelne unterordnen, auch wenn ihn dadurch höhere Ausfälle trafen. Selbst der Zusammenbruch des nichtprivilegierten Einzelgläubigers wird bewußt in Kauf genommen, wenn es um den Staat geht, dem ein höherer Rechtsschutz zuteil wird. Die Parallele in der Steuerlehre, die „Opfertheorie"[47] geht allerdings nicht so weit, da sie nur eine Besteuerung nach der Leistungsfähigkeit entwickelt, während im vorliegenden Fall soziale Rücksichten nicht genommen werden. Die fiskalische Tendenz, die die Zeit des Absolutismus kennzeichnet, drückt sich besonders auch in der Einführung bzw. Beibehaltung des Konkursvorrechtes des Fiskus aus.

Es ist nicht verwunderlich, daß erstmals unter dem Einfluß des Liberalismus Zweifel an der Berechtigung des Konkursvorrechtes aufkamen. Der klassische Liberalismus mußte das Konkursvorrecht bekämpfen, und nur eine gemäßigte liberale Einstellung führt zur Beibehaltung des Privilegs des Staates mit Rücksicht auf das „öffentliche Interesse", dem ein höherer Rechtsschutz zukomme.

Unter diesen Auffassungen sind die Versuche verständlich, die 1855 bei der Beratung der Preußischen Konkursordnung und 1870 bis 1873

---
[47] Vgl. Schmölders, G., Allgemeine Steuerlehre, 3. Aufl., Berlin 1958, S. 39 und 85.

von Hagens bei der Abfassung des Entwurfes einer deutschen Gemeinschuldordnung unternommen wurden, das Konkursvorrecht des Fiskus zu beseitigen. Daraus erklärt sich auch die Kritik im Schrifttum dieser Zeit, wie sie von Goltdammer 1858, von C. F. Koch 1867 und von R. Koch 1868 geübt wurde. Aber unter der Kanzlerschaft eines Mannes wie Bismarck konnte diesen Versuchen kein Erfolg beschieden sein. Gewiß stand Bismarck auf dem Standpunkt, der „durch die Verwendung der staatlichen Mittel für die Allgemeinheit entstehende Nutzzuwachs müßte größer sein, als der Nutzentgang, der dem Einzelnen durch den Mittelentzug entstehe"[48], aber im Vordergrund stand bei ihm stets die Gemeinschaft, nicht das Individuum. So ergibt sich aus seinen Reichstagsreden[49] immer wieder der Grundsatz der Vorrangigkeit des Staates, dem jeder Staatsbürger seine privaten Interessen unterzuordnen habe. Bei solchen Auffassungen konnte eine Aufhebung des Konkursvorrechts des Fiskus nicht erwartet werden.

Aber auch die demokratische Staatsauffassung der Weimarer Republik konnte die fiskalischen Bestrebungen, die Grund des Konkursvorrechts des Staates sind, nicht beseitigen. Sicherlich lag das zum Teil daran, daß in den ersten Jahren der jungen Demokratie andere Fragen die Öffentlichkeit mehr beschäftigten, denen auch eine größere Dringlichkeit beigemessen wurde. Zum andern wollte man auch nach den Jahren des Krieges und der Wirren besonders auf dem Gebiet der Währung der Konkursordnung eine Zeit der Erprobung und Bewährung lassen, ehe man an eine Reform ging. Immerhin aber wurde die Möglichkeit einer Rechtserneuerung bei der Einführung der Vergleichsordnung von 1927 versäumt, obwohl zu dieser Zeit die Kritik an dem Konkursvorrecht des Fiskus heftig wieder aufgenommen wurde.

Von der Zeit des Nationalsozialismus mit der Überbetonung des Staatsgedankens (man denke nur an die Parole „Gemeinnutz geht vor Eigennutz") waren Änderungen hinsichtlich des Konkursvorrechts des Fiskus kaum zu erwarten und sind auch nicht erfolgt. Interessant ist zwar der Versuch, den Liebisch 1941 unternommen hat, indem er aus dem Gemeinschaftsgedanken, der in dieser Zeit vertreten wurde, eine Pflicht der Gemeinschaft ableitet, Verluste gemeinsam zu tragen. Daraus folgerte er, daß innerhalb der Verlustgemeinschaft der Konkursgläubiger die darin eingeschlossene Gemeinschaft den gleichen Anteil am Verlust zu tragen hat, wie die übrigen Gläubiger[50]. Die

---

[48] Holtfort, H. G., Bismarcks finanz- und steuerpolitische Auffassung im Lichte der heutigen Finanzwissenschaft, Würzburg 1937, S. 18.
[49] Vgl. z. B. Reichstagsrede vom 24. Februar 1888.
[50] Liebisch, A., Rechtspolitische und verfahrensrechtliche Bemerkungen zum Steuervorrecht im Konkurs, in: Zeitschrift für deutschen Zivilprozeß, Band 62, S. 35/36.

Bemühung mußte — abgesehen von der Tatsache, daß schon der Krieg eine umwälzende Insolvenzrechtsreform verhinderte — erfolglos bleiben, da Liebisch von der Auffassung des „übergeordneten Staates" abwich und den Fiskus im Konkursverfahren den anderen Gläubigern gleichordnen wollte.

Die Bundesrepublik mit ihrer demokratischen Staatsauffassung, die starke soziale Tendenzen zeigt, sollte nun einer Beseitigung des mit ihrer Staatsauffassung in Kollision stehenden Konkursvorrechtes Vorschub leisten. Besondere Privilegien im Konkurs lassen sich doch nur mit speziellen Billigkeits- oder sozialpolitischen Gründen rechtfertigen, die im Falle des Staates doch nicht vorliegen. Eine gesetzliche Änderung ist aber leider nicht erfolgt. Man könnte nun wenigstens annehmen, daß der Steuergläubiger von sich aus eine weitgehende Verzichtspraxis ausüben würde. Diese Annahme trifft leider aber auch nicht zu. In dieser Situation ist eine Untersuchung der rechtlichen Grundlagen der Gläubigergleichbehandlung im Konkurs, die Berges 1957 durchführte, von besonderem Interesse. Er kommt zu dem Ergebnis, „daß der Gleichbehandlungsgrundsatz als immanentes, materiellrechtlich sicher fundiertes Prinzip unserem ganzen Konkursrecht zugrunde liegt. Damit ist der positivistische Ausnahmecharakter der Konkursprivilegien klargestellt"[51].

Aus diesem Ergebnis folgert Berges, daß die materiellrechtlichen Befriedigungsrechte der einzelnen Gläubiger nicht ohne Verstoß gegen die Enteignungsbestimmungen des Grundgesetzes (Artikel 14 GG) geschmälert werden können. Die Entwicklung des Gleichbehandlungsgrundsatzes von einem Prinzip, das allein im rechtsfreien Raum bloßer Billigkeit liegt, zu einem materiellrechtlich fundierten Prinzip des Konkursrechts ist die bedeutsame Erkenntnis, die der Untersuchung von Berges zu danken ist. Die daraus entwickelten Folgerungen, die das Konkursvorrecht des Fiskus als grundgesetzwidrig erweisen, sind logisch und für die Rechtsentwicklung beachtlich. Es muß dem Bundesverfassungsgericht die Entscheidung überlassen bleiben, ob die Bestimmung des § 61 Ziff. 2 KO aus rechtlicher Sicht haltbar ist.

---

[51] Berges, A. M., Die rechtlichen Grundlagen der Gläubigergleichbehandlung im Konkurs, in: KTS 1957, S. 57.

Zweiter Teil

Die Probleme in den bestehenden gesetzlichen Vorschriften des Konkursvorrechts der öffentlichen Abgaben

Erstes Kapitel

Der Begriff der „öffentlichen Abgaben"

Der Begriff der öffentlichen Abgaben des § 61 Ziff. 2 KO stimmt nicht mit dem anderer Gesetze oder der Wissenschaft überein. Die Rechtsprechung hat vielmehr einen besonderen Begriff entwickelt.

Allgemein werden heute unter den „öffentlichen Abgaben" im Sinne des § 61 Ziff. 2 KO Steuern und steuerartige Abgaben unter Einschluß der Zölle und unter Ausschluß der in § 61 Ziff. 3 KO berücksichtigten Kirchensteuer verstanden.

Die Finanzwissenschaft unterscheidet die öffentlichen Einnahmen in drei Gruppen:

1. Erwerbseinkünfte und Kredite,
2. Gebühren und Beiträge, sowie
3. Steuern und Zölle[1].

Die beiden letzten Gruppen werden gewöhnlich auch als „öffentliche Abgaben" bezeichnet. Die Definition der öffentlichen Abgaben im Sinne des § 61 Ziff. 2 KO unterscheidet sich also von der der Finanzwissenschaft dadurch, daß sie Gebühren und Beiträge nicht einschließt. Dieser Unterschied ergibt sich hinsichtlich der Gebühren auch schon aus den Motiven zur Konkursordnung, in denen ausdrücklich die Gebühren vom Vorrecht ausgenommen werden[2].

Die Rechtsprechung mußte, nachdem sie die öffentlichen Abgaben im Sinne des § 61 Ziff. 2 KO als „Steuern und steuerartige Abgaben" definiert hatte, für diese Begriffe eine weitere Bestimmung treffen. Dies geschah in einer Reihe von Reichsgerichtsentscheidungen, denen sich der Bundesgerichtshof angeschlossen hat. Entscheidendes Kriterium, ob eine Steuer oder steuerartige Abgabe vorliegt, ist das

---

[1] Vgl. Schmölders, Finanzpolitik, Berlin-Göttingen-Heidelberg 1955, S. 181.
[2] Motive II, a.a.O., S. 240.

Fehlen einer Beziehung der auferlegten Leistung zu einem bestimmten Vorteil des Verpflichteten[3]. Dabei kommt es nicht auf die Benennung der verlangten Leistung, sondern auf das Wesen der Abgabe an[4]. Mit dieser Begriffsbestimmung nähert sich der Begriff der öffentlichen Abgaben im Sinne des § 61 Ziff. 2 KO dem der Steuern des § 1 der Abgabenordnung. Das Fehlen einer „speziellen Entgeltlichkeit" ist ein Kriterium der Steuern im Sinne des § 1 der Abgabenordnung. Der Einfluß der finanzwissenschaftlichen Definition der Steuern als „Zwangsabgaben ohne besondere Gegenleistung"[5] ist aber ebenfalls unverkennbar. Während die steuerrechtliche Definition die wesentlichen Merkmale „nur nebenbei und inmitten anderer teilweise unzutreffender oder recht nebensächlicher Kennzeichen der modernen Steuern"[6] zum Ausdruck bringt, bedient sich die Rechtsprechung im Falle der Begriffsbestimmung der „Steuern und steuerartigen Abgaben" allein des von der Finanzwissenschaft als wesentlich herausgestellten Merkmals des Fehlens der „besonderen Gegenleistung".

Die Bedeutung des Unterschiedes zwischen der Definition der öffentlichen Abgaben im Sinne des § 61 Ziff. 2 KO und der der Steuern im § 1 der Abgabenordnung zeigt sich am Beispiel der Lastenausgleichsabgaben. Wegen der im § 1 der Abgabenordnung geforderten Merkmale der Geldleistung und des Zweckes der Leistungen zur Einnahmeerzielung, bedurfte es einer besonderen gesetzlichen Fixierung der Lastenausgleichsabgaben im § 203 LAG als Steuern, weil die Abgaben auch als Naturalleistung erbracht werden können und die Einnahmen einem besonderen Ausgleichsfonds zufließen, aus dem andererseits die Ausgleichszahlungen erfolgen, ohne daß der Fonds mit den übrigen Mitteln des Fiskus in Verbindung steht. Der Charakter der Lastenausgleichsabgaben ohne die gesetzliche Bestimmung wäre also zweifelhaft gewesen. Für das Konkursvorrecht bedurfte es dieser Fixierung nicht. Das Merkmal des Fehlens einer besonderen Gegenleistung kennzeichnete die Lastenausgleichsabgaben als öffentliche Abgaben. Das ergibt sich auch aus der Fassung der §§ 63 und 180 LAG, in denen nur auf die grundlegende Bestimmung des § 61 Ziff. 2 KO verwiesen wird, nicht aber das Vorrecht an sich gesetzlich begründet wird.

Die Definition der öffentlichen Abgaben im Sinne des § 61 Ziff. 2 KO unterscheidet sich auch von den Definitionen, die dieser Begriff bei seiner Verwendung in anderen Gesetzen gefunden hat. So gehören zu den öffentlichen Abgaben im Sinne von § 71 Abs. 3 des Gerichtsverfassungsgesetzes auch Gebühren und Beiträge, und als öffentlich

---

[3] RG 83, 211; RG 131, 139; RG 156, 367; BGH 10, 212.
[4] Jaeger-Lent, Konkursordnung mit Einführungsgesetzen, 8. Aufl., P Berlin 1958, S. 859.
[5] Schmölders, G., Finanzpolitik, a.a.O., S. 196.
[6] Schmölders, G., Finanzpolitik, a.a.O., S. 196.

Abgaben im Sinne des § 10 Ziff. 3 des Gesetzes über die Zwangsverwaltung und Zwangsversteigerung können ebenfalls Beiträge Berücksichtigung finden.

Eine weitere Einengung erfährt der Begriff der öffentlichen Abgaben im Sinne des § 61 Ziff. 2 KO nach herrschender Meinung noch dadurch, daß die Ansprüche ausländischer Gläubiger das Vorrecht nicht genießen[7]. Der Begriff der öffentlichen Abgaben erfaßt also nur die Ansprüche inländischer Gläubiger. Bley vertritt allerdings die Ansicht, daß durch Staatsverträge eine Ausdehnung auf ausländische Gläubiger möglich ist.

Jedenfalls wird die Auffassung, daß ohne Vorliegen von Staatsverträgen nur Ansprüche inländischer Gläubiger das Vorrecht genießen, gestützt durch eine Urteil des OLG Karlsruhe, das einem österreichischen Versicherungsträger nicht das Vorrecht des § 61 Ziff. 1 KO gewährte[8].

So kann man also die öffentlichen Abgaben wie folgt definieren: Öffentliche Abgaben im Sinne von § 61 Ziff. 2 KO sind Steuern und steuerartige Abgaben unter Einschluß der Zölle und unter Ausschluß der in § 61 Ziff. 3 KO bevorrechtigten Kirchensteuer, die von einem inländischen Steuergläubiger erhoben werden, und die in keiner Beziehung zu einem bestimmten Vorteil des Schuldners stehen. Entscheidend ist das Wesen der Abgabe und nicht ihre Bezeichnung. Gebühren und Beiträge sind keine öffentlichen Abgaben im Sinne von § 61 Ziff. 2 KO.

Zweites Kapitel

Das Konkursvorrecht als Eigenschaft der Forderung

Hinsichtlich der Rechtsnatur des Konkursvorrechts bestanden Zweifel, die mittlerweile durch die höchstrichterliche Rechtsprechung geklärt werden konnten. Es war unklar, ob das Konkursvorrecht ein besonderes Recht wie das Pfandrecht oder die Bürgenhaftung ist, die zwar von der Forderung abhängen, aber durchaus selbständig neben ihr stehen, oder ob es lediglich eine Eigenschaft der Forderung ist, die mit ihr unlöslich verbunden ist und im Wesen der Forderung wurzelt. Von Bedeutung war diese Frage für den Fall des Gläubigerwechsels.

War das Vorrecht ein selbständiges Recht, so war es an den ursprünglichen Gläubiger gebunden, für den es eine Vergünstigung dar-

---

[7] Bley, E., Vergleichsordnung, 2. Aufl., Berlin 1955, S. 299, mit Hinweis auf Jaeger.
[8] Urteil vom 14. Februar 1929 Z IV BR 333/28.

stellte. Es erlosch also beim Gläubigerwechsel. Blieb das Vorrecht aber als Eigenschaft der Forderung mit dieser untrennbar verbunden, so bestand es auch für jeden weiteren Gläubiger, der die Forderung erwarb, auch wenn auf diesen die ursprüngliche Vergünstigung z. B. des § 61 Ziff. 2 KO nicht mehr zutraf.

Das Reichsgericht und später der Bundesgerichtshof haben entschieden, daß das Vorrecht eine der Forderung selbst innewohnende Kraft ist, deren Wirksamkeit auf ihrem Rechtsgrunde beruht[9]. Das bedeutet, daß auch für Gläubigerwechsel bei öffentlich-rechtlichen Forderungen das Konkursvorrecht für den neuen Gläubiger gilt, selbst wenn er nicht Träger von Hoheitsrechten ist. Andererseits ergibt sich aber daraus auch, daß das Vorrecht selbst nicht übertragbar ist. Es erlischt, wenn die bevorrechtige Forderung erlischt, selbst wenn eine andere an deren Stelle tritt[10].

Mit dieser Entscheidung der Rechtsprechung steht sie in Übereinstimmung mit den Grundsätzen, die in allen anderen Staaten mit Konkursordnungen gegeben sind[11]. Dies ist besonders beachtlich, wenn man bedenkt, wie vielfältig die dinglichen und persönlichen Privilegien in den einzelnen Konkursbestimmungen der Staaten sind.

Drittes Kapitel

Die Einjahresfrist des § 61 Ziff. 2 KO

Das Vorrecht des § 61 Ziff. 2 KO genießen nur die Abgabenforderungen des Fiskus, die im letzten Jahre vor der Eröffnung des Verfahrens fällig geworden sind oder nach § 65 KO als fällig gelten. Der Gesetzgeber begrenzt die bevorrechtigten Steuerforderungen also auf die, deren Fälligkeit innerhalb Jahresfrist vor der Konkurseröffnung liegt. Hierbei ist nun von Bedeutung, wie diese Frist von einem Jahre berechnet wird.

Da die Frist dem materiellen Konkursrecht entstammt, also nicht prozessualrechtlicher Natur ist, muß auf die Berechnungsvorschriften des allgemeinen Teils des Bürgerlichen Gesetzbuches zurückgegangen werden. Entsprechend § 188 Abs. 2 BGB in Verbindung mit § 187 Abs. 1 BGB reicht die Frist also zurück auf den Beginn desjenigen Tages im selben Monat des Vorjahres, der durch seine Zahl dem Tage der Konkurseröffnung entspricht. Da im Eröffnungsbeschluß eines Konkursverfahrens genau Tag und Stunde festgehalten werden, dürfte die

---

[9] RG 135, 32; BGH 3, 136; BGH 13, 77.
[10] Jaeger-Lent, Konkursordnung, a.a.O., S. 844.
[11] Vgl. Doelle, in: Rechtsvergleichendes Handwörterbuch für Zivil- und Handelsrecht des In- und Auslandes, Band 5, Berlin 1936, S. 120.

Berechnung der Frist nicht so schwierig sein. Es muß aber darauf geachtet werden, daß der Tag der Konkurseröffnung bei der Fristberechnung nicht mitgezählt wird, andererseits aber ein Sonn- oder Feiertag vor dem Tag der Konkurseröffnung die Frist nicht verlängert, wie das bei prozeßrechtlichen Fristen z. B. der Fall ist[12].

Überhaupt ist die Einjahresfrist des § 61 Ziff. 2 KO keine Verjährungsfrist, sondern eine Ausschlußfrist, die durch Verwaltungsakt weder verlängert noch unterbrochen werden kann[13]. Dies ist bewußt zur Begrenzung der Bevorrechtigungen geschehen. Jede verwaltungsmäßige Änderung der Frist würde Rechtsunsicherheit bei den übrigen Gläubigern hervorrufen.

Von besonderer Wichtigkeit bei Beachtung der Einjahresfrist ist nur noch die unterschiedliche Berechnung, die die Zeitbestimmung erfährt, wenn zunächst das Vergleichsverfahren eröffnet wird, das später zum Anschlußkonkurs führt. In den beiden Fällen wird von verschiedenen Terminen ein Jahr zurückgerechnet, zunächst vom Tage der Eröffnung des Vergleichsverfahrens an und im Anschlußkonkurs vom Tage der Eröffnung des Konkursverfahrens an. Dieser Unterschied ist nicht vermeidbar; er ist in den gesetzlichen Bestimmungen verankert, kann aber in einem Verfahren von besonderer Bedeutung sein.

Viertes Kapitel

Begriff und Bedeutung der Fälligkeit der Abgabenansprüche

1. Der Begriff der Fälligkeit im Sinne des § 61 Ziff. 2 KO

Das Konkursvorrecht des § 61 Ziff. 2 KO genießen nur die öffentlichen Abgaben, die im letzten Jahre vor der Eröffnung des Verfahrens fällig geworden sind oder nach § 65 KO als fällig gelten. Der Begriff der Fälligkeitsansprüche ist für das Vorrecht des § 61 Ziff. 2 KO von besonderer Wichtigkeit. Anders als die zeitliche Umgrenzung des Vorrechts des § 61 Ziff. 1 KO, die die Ansprüche bevorrechtigt, die für das letzte Jahr vor der Konkurseröffnung anfielen, liegt beim Konkursvorrecht des Fiskus das Hauptgewicht auf der Frage, ob die Abgaben im letzten Jahr vor Konkurseröffnung fällig wurden.

Um den Fälligkeitstermin der einzelnen Abgaben hat es in den letzten Jahrzehnten immer wieder Meinungsverschiedenheiten zwischen der Finanzverwaltung und den Gläubigern des Steuerschuldners gegeben. So vertritt Spörlein unter Hinweis auf die zur Zeit der

---

[12] Vgl. § 222 Abs. 2 ZPO; gl. A. RG Band 17, 329.
[13] Maaßen, Fälligkeit der Steuer und Konkursvorrecht, Finanzrundschau 1953, S. 149 ff.

Entstehung der Konkursordnung noch völlig ungeklärten Begriffe der Entstehung, der Festsetzung und der Fälligkeit der Steueransprüche die Ansicht, daß das Wort „fällig" im Sinne des § 61 Ziff. 2 KO nicht identisch ist mit dem Fälligkeitsbegriff des Steuerrechts[14]. Er will aus diesem Grunde nur den Ansprüchen des Fiskus das Vorrecht zubilligen, die im Jahr vor der Eröffnung des Verfahrens entstanden sind und weist dazu auf § 3 KO hin, wonach die Konkursmasse zur gemeinsamen Befriedigung aller persönlichen Gläubiger dient, welche einen z. Z. der Eröffnung des Verfahrens begründeten Vermögensanspruch an den Gemeinschuldner haben.

Knorr läßt es dahingestellt, ob die Abweichung in der zeitlichen Umgrenzung des § 61 Ziff. 1 KO und § 61 Ziff. 2 KO vom Gesetzgeber lediglich zur Abwechslung in der Sprache oder bewußt gewählt wurde[15].

Demgegenüber muß angenommen werden, daß der Gesetzgeber den Fälligkeitstermin bei den Abgabenansprüchen bewußt als zeitliche Abgrenzung gewählt hat. Bei den in den Motiven zur Konkursordnung angeführten Beispielen der Tabakanbausteuer, der Maischsteuer und Rübenzuckersteuer ergeben sich Abweichungen zwischen dem Termin der Entstehung und der Fälligkeit bis zu acht Monaten[16]. Für diese Steuerbeträge wollte der Gesetzgeber den Fiskus nicht ohne Schutz lassen, gerade weil die Entstehung der Steuern beträchtlich vor der Fälligkeit lag. So kann das Argument Spörleins nicht aufrecht erhalten werden, daß wegen der Unkenntnis der Begriffe Entstehung, Festsetzung und Fälligkeit z. Z. der Entstehung der Konkursordnung der Fälligkeitsbegriff des Steuerrechts keine Anwendung finden könne. Gerade Gesichtspunkte, die dem damaligen Steuerrecht Rechnung tragen, waren maßgebend für den Wortlaut des § 61 Ziff. 2 KO, der die Bevorrechtigung vom Fälligkeitstermin abhängig macht. So kann es deswegen und auch wegen der eindeutigen wörtlichen Fassung des § 61 Ziff. 2 KO keine Zweifel darüber geben, daß der Fälligkeitsbegriff des Steuerrechts auch für § 61 Ziff. 2 KO gilt.

Knorr muß allerdings beigepflichtet werden, wenn er als feststehend annimmt, daß im Jahre 1877 der Unterschied zwischen Entstehung und Fälligkeit bei den öffentlichen Abgaben kaum ins Gewicht fiel, da sogar die gesamten nach § 61 Ziff. 1 bis 5 KO bevorrechtigen Forderungen nur unerheblich im Verhältnis zu den nicht bevorrechtigten Forderungen waren. Nach 1919 wuchsen mit dem Steigen der Steuerlast auch ständig die bevorrechtigten Forderungen nach § 61 Ziff. 2

---

[14] Spörlein, H., Der Steueranspruch im Konkurs, Betriebsberater 1949, S. 686.
[15] Knorr, E., Die Bedeutung der Fälligkeit öffentlicher Abgaben für ihr Konkursvorrecht, Konkurs-Treuhand- und Schiedsgerichtswesen 1957, S. 1.
[16] Motive II, a.a.O., S. 239.

KO, und es wurde weiterhin klar, daß mit den durch die Betriebsprüfungen verursachten zeitlichen Differenzen zwischen Entstehung und Fälligkeit der Ansprüche dieser Unterschied für die nichtbevorrechtigten Gläubiger beachtlich wurde. Diese Entwicklung konnte der Gesetzgeber von 1877 nicht voraussehen, und sie war auch von ihm zweifellos nicht gewollt.

Dennoch können auch derartige Überlegungen an der Tatsache nicht vorübergehen, daß der Fälligkeitsbegriff nun einmal in § 61 Ziff. 2 KO enthalten ist und nach der Entstehungsgeschichte der Bestimmung mit dem steuerrechtlichen Begriff übereinstimmt[17].

2. Begründung und Entstehung der Steueransprüche

Wenn auch nach dem vorher Gesagten der Begriff der Fälligkeit für das Konkursvorrecht öffentlicher Abgaben gemäß § 61 Ziff. 2 KO die wesentlichste Rolle spielt, so muß dennoch auf die Begründung dieser bevorrechtigten Forderung eingegangen werden, weil die Forderungen des Fiskus ja begründet sein müssen, um überhaupt als Konkursforderung Anerkennung zu finden. Für die Teilnahme der Forderung am Konkurs ist also die Begründung von Bedeutung, ob ihr ein Vorrecht zusteht, hängt von ihrer Fälligkeit ab. Es kann also grundsätzlich gesagt werden, daß eine Forderung erst einmal begründet sein muß, ehe man sich mit ihrem eventuellen Vorrecht zu befassen braucht.

Die Begründung der Steueransprüche im Sinne von § 3 KO entspricht im wesentlichen dem steuerrechtlichen Begriff der Entstehung der Forderungen im § 3 StAnpG. Eine entstandene Steuerforderung ist jedenfalls auch begründet im Sinne des § 3 KO. Abweichungen können nur vorkommen in Fällen, in denen die Entstehung der Forderung nach der Konkurseröffnung liegt, die Begründung aber in der Zeit vor der Konkurseröffnung erfolgte.

---

[17] BGH-Urteil vom 28. November 1955 — III ZR 181/54 (KTS 1956 S. 11 ff.): „Der Senat verkennt nicht, daß das hier gewonnene Ergebnis geeignet ist, die Befriedigungsaussichten der nichtbevorrechtigten und im Vorrecht nachstehenden Konkursgläubiger zu beeinträchtigen. Dieses für solche Konkursgläubiger unbefriedigende Ergebnis ist aber letzten Endes die Folge davon, daß das Vorrecht der Steuerforderung vom Gesetzgeber im § 61 Ziff. 2 KO an deren Fälligkeit geknüpft ist und nicht an die Entstehung der Forderung oder den Zeitraum, für den die Steuer erhoben wird, wie es im § 61 hinsichtlich sonstiger bevorrechtigter Konkursforderungen geschehen ist. Was z. Z. des Erlasses der Konkursordnung unter den damaligen wirtschaftlichen Verhältnissen als gerechtfertigt angesehen wurde, mag heute bei der Kompliziertheit und Langwierigkeit der Steuerverfahren nicht mehr zeitgemäß erscheinen. Der Richter vermag aber nicht dadurch Abhilfe zu schaffen, daß er für das Konkursrecht eine andere Fälligkeit als für das Steuerrecht annimmt oder daß er das Vorrecht der Steuerforderung mit der Begründung beschneidet, das Finanzamt hätte die Steuer beitreiben können."

Die Entstehung der Steueransprüche ist im § 3 des Steueranpassungsgesetzes geregelt und erläutert. Demnach entsteht der Steueranspruch, sobald der Tatbestand verwirklicht ist, an den das Gesetz die Steuer knüpft. Dieser Termin ist im Absatz 5 des zitierten Paragraphen durch Beispiele und Ergänzungen erläutert. Diese Erläuterungen sind notwendig, weil die Steueransprüche zu völlig verschiedenen Zeitpunkten entstehen, ja sogar Teilbeträge einer Steuer verschiedene Entstehungszeitpunkte haben[18].

Daraus ergab sich für die Frage, ob die Steueransprüche Konkursforderungen sind, oder ob sie vielleicht sogar Ansprüche gegen die Konkursmasse (§§ 57 ff. KO) darstellen, Schwierigkeiten für die Steuern, die nach Steuerabschnitten veranlagt werden, wie Einkommensteuer, Körperschaftsteuer, Umsatzsteuer und Gewerbesteuer. Es entsteht dabei z. B. die Frage, ob die Eröffnung eines Konkursverfahrens den Veranlagungszeitraum unterbricht, d. h. ob für die Zeit vom Beginn des Kalenderjahres bis zum Tage der Eröffnung des Verfahrens eine besondere Veranlagung vorgenommen wird, und der aus dieser Veranlagung sich ergebende Steueranspruch zu den Konkursforderungen zählt. Diese Frage läßt sich aus der Bestimmung der Entstehung der Steueransprüche und den Erläuterungen des § 3 des Steueranpassungsgesetzes nicht beantworten.

Jaeger-Lent vertreten u. a. die Ansicht, daß mit Rücksicht auf die konkursrechtliche Vermögenssonderung der laufende Steuerabschnitt im Zeitpunkt der Konkurseröffnung über das Vermögen des Steuerpflichtigen beendet wird[19].

Diese Auffassung ist nicht unbestritten. Mentzel vertritt die Ansicht, daß im Falle der Konkurseröffnung im Laufe des Kalenderjahres eine eventuelle Abschlußzahlung keine Konkursforderung ist, sondern eine Forderung an den Gemeinschuldner, da dieser Anspruch erst nach der Konkurseröffnung entstand[20].

Für das Vergleichsverfahren bestreitet Bley, daß die Vergleichseröffnung den laufenden Steuerabschnitt unterbricht[21].

Von besonderer Bedeutung ist diese Frage wohl nur bei der Umsatzsteuer, denn die anderen Steuern, die nach Steuerabschnitten ver-

---

[18] Als Beispiel sei die Einkommensteuer angeführt, die mit den Steuerabzugsbeträgen im Zeitpunkt des Zufließens der steuerabzugspflichtigen Einkünfte, mit den Vorauszahlungen am Ende des Kalendervierteljahres oder sonstigen Zeitraums, für den die Vorauszahlungen zu entrichten sind (§ 4 der Verordnung über die Behandlung steuerrechtlicher Verbindlichkeiten nach dem Umstellungsgesetz vom 9. Juli 1948) und für die veranlagte Steuer mit Ablauf des Kalenderjahres, für das die Veranlagung vorgenommen wird, soweit nicht die Steuerschuld als Steuerabzugsbeträge oder Vorauszahlungen früher entstanden ist, entsteht.
[19] Jaeger-Lent, Konkursordnung, a.a.O., S. 62.
[20] Mentzel, Konkursordnung, a.a.O., S. 410.
[21] Bley, Vergleichsordnung, a.a.O., S. 300.

anlagt werden, sind vorwiegend ertragsabhängig und werden insofern bei Steuerpflichtigen, die im Insolvenzverfahren sich befinden, weniger in Betracht kommen. So finden sich denn auch in Literatur und Rechtsprechung hauptsächlich Untersuchungen zu diesem Problem bei der Umsatzsteuer. Die Umsatzsteuerforderung des Bundes entsteht bei der Besteuerung nach vereinnahmten Entgelten mit Ablauf des Voranmeldungszeitraums, in dem die Entgelte vereinnahmt wurden, bei der Besteuerung nach vereinbarten Entgelten mit Ablauf des Voranmeldungszeitraumes, in dem die Lieferungen und sonstigen Leistungen ausgeführt wurden (§ 3 Abs. 5 Ziff. 4 Steueranpassungsgesetz). Hier wird also die Frage relevant, ob der Umsatzsteueranspruch für den ganzen Voranmeldezeitraum erst nach der Konkurseröffnung entsteht und somit auch hinsichtlich des Teilbetrages der Umsatzsteuerforderung, der auf die vor der Konkurseröffnung vereinnahmten Entgelte bzw. ausgeführten Lieferungen und sonstigen Leistungen entfällt, zu den Ansprüchen an die Konkursmasse zählt und nicht zu den Konkursforderungen.

Die Finanzverwaltung[22] und ein Teil des Schrifttums[23] haben diese Frage bejaht. Auch Müller[24] kommt zu der Auffassung, grundsätzlich sei die Umsatzsteuer des gesamten Voranmeldezeitraums, in den die Konkurseröffnung fällt, eine Masseforderung, doch könne das Finanzamt unter Berufung auf § 11 Abs. 1 Satz 3 UStG den Veranlagungszeitraum für die Zeit bis zur Eröffnung des Konkurses verkürzen und für die Umsatzsteuer dieses Zeitraumes eine bevorrechtigte Konkursforderung statt einer Masseforderung geltend machen. Dieses Ergebnis ist eigenartig insofern, als hier der wohl einmalige Fall aufträte, daß Forderungen, die die Zeit vor der Konkurseröffnung betreffen, als Masseforderungen zu betrachten wären. Auch die Annahme von Müller, daß das Finanzamt den Veranlagungszeitraum abkürzen könne, ist nicht zufriedenstellend, da die Finanzverwaltung von sich aus wohl kaum die bevorzugte Stellung eines Massegläubigers mit der eines — wenn auch bevorrechtigten — Konkursgläubigers vertauschen würde. So hat Heyden[25] den Versuch unternommen, für die Umsatzsteuerforderungen, die den Zeitabschnitt vor der Konkurseröffnung betreffen, den Nachweis zu erbringen, es handele sich um aufschiebend befristete Forderungen, die wie aufschiebend bedingte

---

[22] Erlaß des BdF IV S. 4227 — 1/54 vom 28. Januar 1954; USt-Kartei S. 4231, Karte 52 (inzwischen aufgehoben durch Erlaß IV A/2 — S. 4231/8/55 vom 13. Dezember 1955, der die Frage verneint).
[23] Plückebaum-Malitzky, Umsatzsteuergesetz, Berlin 1956, 6. Aufl., Anm. 2 zu § 13 UStG, S. 918; von den Warth, P., Konkurs und Umsatzsteuer, in: BFuP 1954, S. 109 ff.
[24] Müller, a.a.O., DStZ 1950, S. 208.
[25] Heyden, H., Umsatzsteuerforderungen im Konkursverfahren, in: UStR 1954, S. 49 ff.

Forderungen gemäß § 67 KO zu behandeln wären. Prugger verlangt eine verschiedene Beurteilung der Zeiträume bis zur Konkurseröffnung und nach der Konkurseröffnung aus Gründen, die sich aus dem Konkursverfahren wesensnotwendig ergeben[26]. Bei der Vorrangstellung, die das Konkursrecht vor dem Steuerrecht genießt, erscheint diese Darstellung beachtlich, und so hat auch das Finanzgericht Düsseldorf sich der Gegenmeinung angeschlossen und kam zu dem Ergebnis, daß die Konkurseröffnung bei der Umsatzsteuer den Voranmeldungs- und Veranlagungszeitraum beende[27].

Ein Beschluß des Bundesfinanzhofs kommt zum gleichen Ergebnis[28]. Unter Bezugnahme auf Heyden und Prugger unterscheidet das Gericht zwischen der „Begründung" der Forderung im Sinne von § 3 KO und deren „Entstehung" im Sinne von § 3 Steueranpassungsgesetz. An dieser Unterscheidung gehen die Vertreter der Gegenmeinung völlig vorbei. Eine Forderung kann zwar begründet im Sinne des § 3 KO sein, muß aber noch nicht entstanden im Sinne von § 3 StAnpG sein. Dies ist im Falle der Umsatzsteuer für den Zeitraum bis zur Konkurseröffnung gegeben.

Wenn auch dieser Beschluß zur Umsatzsteuer ergangen ist, so kann aus Tenor und Gründen geschlossen werden, daß auch für die anderen Steuern, die nach Steuerabschnitten veranlagt werden, die Konkurseröffnung den Steuerabschnitt unterbricht. Das bedeutet, daß Forderungen des Fiskus, die den Zeitraum bis zur Konkurseröffnung betreffen, zu den Konkursforderungen gehören.

3. Die Maßgeblichkeit des Zeitpunktes der ersten Fälligkeit für die Einjahresfrist des § 61 Ziff. 2 KO

Im Gegensatz zur Entstehung der Steuerforderung, die in einer einzigen Gesetzesbestimmung des Steueranpassungsgesetzes geregelt ist, wird die Fälligkeit der Steuerforderung in den verschiedenen Steuergesetzen bestimmt. Hier finden sich die mannigfachsten Regelungen des Fälligkeitstermins der einzelnen Forderungen. Man kann wohl zwei Gruppen unterscheiden, und zwar die Fälligkeitstermine,

---

[26] Prugger, K., Die Umsatzsteuer im Konkursverfahren, in: UStR 1956, S. 11: „Die dabei zutage tretende rechtliche Verselbständigung der Forderung innerhalb des gleichen Veranlagungszeitraums ist meines Erachtens nicht zu vermeiden und durch die besondere Natur des Konkursverfahrens sowie die begriffliche Eigenart von Konkurs- und Masseforderungen bedingt."
[27] FG Düsseldorf I 180/55 Urteil vom 14. Dezember 1955 (EFG 1956 Nr. 72).
[28] BFH-Beschluß vom 31. Januar 1956, V 223/55 (KTS 1956, S. 125): „Die bis zur Konkurseröffnung geschuldete Umsatzsteuer ist für den Steuergläubiger eine befristete Konkursforderung. Die Tatsache, daß sie im Sinne des § 3 Abs. 5 Ziff. 4 a StAnpG erst nach Konkurseröffnung „entstanden" ist, steht dem nicht entgegen und gibt ihr nicht die Eigenschaft einer Massekostenforderung.

die im Gesetz festgelegt sind und solche, die durch Einzel-Verfügung im Rahmen der gesetzlichen Vorschriften eintreten.

Wenn man die Einkommensteuer als Beispiel nimmt, so erhält man einen guten Überblick über die verschiedenen Möglichkeiten. So ist die Fälligkeit der Einkommensteuervorauszahlungen in § 35 EStG auf den 10. März, 10. Juni, 10. September und 10. Dezember eines jeden Jahres fixiert. Diese Vorauszahlungstermine gehören also zur Gruppe der gesetzlich vorgeschriebenen Fälligkeitszeitpunkte.

Nicht so eindeutig ist die Regelung bei den Steuerabzugsbeträgen, also der Lohnsteuer und der Kapitalertragsteuer. Die Fälligkeit der einbehaltenen Lohnsteuerabzugsbeträge richtet sich gemäß § 41 Abs. 3 LStDV nach der Höhe der im vorhergehenden Kalendervierteljahr durchschnittlich pro Monat einbehaltenen Lohnsteuer. Sie tritt also zu gesetzlich fixierten Terminen ein; diese sind aber unterschiedlich je nach den Voraussetzungen, die das Gesetz ebenfalls festlegt. Dabei ist als Besonderheit noch zu beachten, daß es abweichend von diesen gesetzlich festgelegten Terminen in besonderen Fällen zur Sicherstellung der richtigen Abführung der Lohnsteuer im Ermessen des Finanzamts liegt, die Fälligkeit der Lohnsteuer zu verändern, wobei § 41 Abs. 4 LStDV den Umfang der Änderungsmöglichkeit umreißt. Die einbehaltene Kapitalertragsteuer wird gemäß § 44 Abs. 3 EStG fällig einen Monat nach Zufluß der Kapitalerträge an den Gläubiger. Hier gibt also das Gesetz nur den Rahmen für den Termin der Fälligkeit, der eigentlich bestimmt wird durch den Zufluß der Kapitalerträge an die Berechtigten. Während bei der Lohnsteuer der Termin abhängig war von der Höhe der durchschnittlichen monatlich einbehaltenen Lohnsteuer im vorangegangenen Kalendervierteljahr, also im wesentlichen von Gesichtspunkten der Erhebungstechnik bestimmt war, wird bei der Kapitalertragsteuer die Fälligkeit von einer wirtschaftlichen Tatsache, dem Zufluß der Kapitalerträge, ausgelöst. Der Zeitpunkt der Entstehung und der Fälligkeit der Forderung des Staates werden bei der Kapitalertragsteuer vom gleichen Ereignis bestimmt; bei der Lohnsteuer ist das nicht der Fall.

Ein typisches Beispiel für die Fälligkeitstermine, die durch Einzelverfügung im Rahmen der gesetzlichen Vorschriften ergehen, stellt schließlich die Abschlußzahlung der Einkommensteuer dar. Hier hängt die Fälligkeit gemäß § 47 Abs. 2 EStG von der Bekanntgabe des Steuerbescheides ab. Hier handelt es sich aber um eine Einzelverfügung, die sich aus dem Gesetz nach abgegrenzten Merkmalen bestimmt. Eine Einzelverfügung, in der die Fälligkeit allein aus dem Ermessen der Verwaltung festgesetzt würde, ist unzulässig[29].

---

[29] Entscheidung des Preußischen Oberverwaltungsgerichts, Bd. 54, S. 86; RGZ 83, 89.

Wenn auch die Fälligkeit der Steuern in den einzelnen Steuergesetzen geregelt ist, so gibt der Zeitpunkt der Fälligkeit doch immer wieder Anlaß zu Auseinandersetzungen. So wird die Frage der Fälligkeit der verschiedenen Steuervorauszahlungen von Literatur und Rechtsprechung behandelt. Auch die Fälligkeit gestundeter Steuern, sowie von Beträgen, für die Zahlungsaufschub oder Aussetzung der Vollziehung oder der Beitreibung gewährt wurde, ist umstritten, ebenso die Fälligkeit von Steuernachforderungen auf Grund von Berichtigungsveranlagungen durch Betriebsprüfungen. Auf diese besonderen Fälle soll im folgenden eingegangen werden.

Von besonderer Bedeutung dabei ist, daß das Reichsgericht bereits den Grundsatz entwickelte, daß jeweils der Zeitpunkt der ersten Fälligkeit entscheidend sein soll für den Beginn der Einjahresfrist nach § 61 Ziff. 2 KO[30]. Als fällig müssen daher öffentliche Abgaben angesehen werden, sobald der Steuergläubiger ihre Zahlung verlangen konnte. Eine andere Behandlung dieser Frage — sei es hinsichtlich Vorauszahlungen oder gestundeter Beträge — erscheint schon aus Gründen der Rechtssicherheit nicht möglich. Die Finanzbehörden könnten sonst durch die nochmalige oder mehrmalige Fälligstellung von Vorauszahlungen den Fristbeginn des § 61 Ziff. 2 KO willkürlich verhindern oder durch Stundungen nach Fälligkeit die Frist erneut verschieben und damit die Rechte der anderen Konkursgläubiger schmälern. Die gesetzliche Fristbestimmung hätte dann jeglichen Sinn verloren.

So hat denn auch der Bundesgerichtshof den Grundsatz der Maßgeblichkeit der ersten Fälligkeit für die Ingangsetzung der Frist nach § 61 Ziff. 2 KO bestätigt[31]. Dies führt hinsichtlich der Vorauszahlungen der Einkommensteuer, für die das Urteil erging, zu der Lage, daß für Einkommensteuervorauszahlungen, die nicht entrichtet wurden und daher im Jahressteuerbescheid als rückständig gefordert werden, das Vorrecht nicht besteht, wenn die Fälligkeit der Vorauszahlungen ein Jahr vor Konkurseröffnung bereits bestand. Die erneute Anforderung hat keine im Rahmen des § 61 Ziff. 2 KO beachtliche Fälligkeit geschaffen und bietet nur dem Finanzamt eine Handhabe für die

---

[30] Vgl. RGZ, Bd. 126, S. 249 ff.; RGZ, Bd. 116, S. 368 ff., für den Fall nachträglicher Abgabenstundung.
[31] BGH vom 11. Juli 1952 (I ZR 10/52): „Das Vorrecht des Steuerfiskus nach § 61 Ziff. 2 KO ist nur für solche Steuerforderungen gegeben, deren erste Fälligkeit innerhalb Jahresfrist vor der Konkurseröffnung liegt. Tritt nach den einschlägigen Bestimmungen die Fälligkeit der Steuerschuld bereits mit den Fälligkeitsterminen geschuldeter Vorauszahlungen ein, so ist für die Fälligkeit der Steuerschuld bedeutungslos, wenn der Steuerschuldner — bei Selbsteinschätzung — die Unterlagen für die Vorauszahlung falsch angegeben hatte und ihre Höhe erst später ermittelt wird."

zwangsweise Einziehung der Steuer[32]. Wenn das Urteil auch nur für die Einkommensteuer gilt, so sind doch keine Gründe zu sehen, die eine gleichartige Behandlung der Körperschaftsteuer- und Vermögensteuervorauszahlungen ausschließen würden.

Anders liegt der Fall bei der Umsatzsteuer. Die Fälligkeit der Umsatzsteuerzahlungen ist im § 13 UStG geregelt. Hiernach wird die Umsatzsteuer in Vorauszahlungen und Abschlußzahlung erhoben. Hinsichtlich der Vorauszahlungen ist die Fälligkeit gemäß § 13 Abs. 1 Satz 2 UStG auf den zehnten Tag nach Ablauf jeden Kalendermonats bzw. Kalendervierteljahres festgesetzt. Diese Vorauszahlungen entsprechen den vorangemeldeten Umsätzen. Erfolgt keine Abgabe einer Umsatzsteuervoranmeldung oder sind in einer Voranmeldung die vereinnahmten Entgelte oder der Steuerbetrag nicht richtig wiedergegeben, so setzt das Finanzamt die Vorauszahlung fest. Diese gilt dann gemäß § 13 Abs. 2 Satz 4 UStG als fällig am zehnten Tag nach Ablauf des Zeitraums, für den die Steuer festgesetzt ist. Die Abschlußzahlung, die die Differenz zwischen der veranlagten Steuer und den geleisteten Vorauszahlungen darstellt, wird gemäß § 13 Abs. 3 Satz 2 UStG fällig einen Monat nach Bekanntgabe des Steuerbescheids.

Nach Ergehen des BGH-Urteils vom 11. Juli 1952 wollte Maaßen[33] die Grundsätze dieses Urteils auch auf die Umsatzsteuer anwenden. Er vertrat die Auffassung, daß die Fälligkeit der Vorauszahlungen sich auch auf die Beträge erstrecke, die voranzumelden gewesen wären, die aber nicht erklärt wurden und insofern erst in der Abschlußzahlung erhoben würden. Der Gedanke, daß die Vorauszahlungen auch den tatsächlichen Umsätzen entsprechen müßten, wird durch § 13 Abs. 1 und 2 UStG verstärkt, doch ist in den Sätzen des Paragraphen, in denen die Fälligkeit fixiert wird, lediglich von den vorangemeldeten Umsätzen die Rede.

So konnte es nicht überraschen, daß andere Autoren und schließlich auch die höchstrichterliche Rechtsprechung einen anderen Standpunkt einnahmen. Rückständige Vorauszahlungen konnten ja nur die Beträge sein, die von den auf den Voranmeldungen basierenden Beträgen bzw. den Festsetzungen des Finanzamts nicht entrichtet wurden. Für diese trat die Fälligkeit zu den in § 13 Abs. 1 Satz 1 UStG und § 13 Abs. 2 Satz 3 UStG festgelegten Terminen ein. Beträge, die durch unvollständige Voranmeldungen oder unrichtige Anwendung der Steuersätze nicht entrichtet wurden, können aber nicht als rückständige Vorauszahlungen angesehen werden, sondern stellen nach der Legaldefinition des § 13 Abs. 3 Satz 2 UStG die Abschlußzahlung dar. Für diese ist aber die Fälligkeit besonders fixiert. Das Urteil des BGH

---

[32] So auch u. a. Jaeger-Lent, Konkursordnung, a.a.O., S. 857; Mentzel, Konkursordnung, a.a.O., S. 410.
[33] Maaßen, a.a.O., in: Finanzrundschau 1953, S. 152.

Begriff und Bedeutung der Fälligkeit der Abgabenansprüche

vom 11. Juli 1952 kann also auf nicht entrichtete Umsatzsteuerbeträge infolge unrichtiger Anwendung der Steuersätze und unvollständiger Voranmeldungen keine Anwendung finden[34].

Kann also die Frage der Fälligkeit der Vorauszahlungen in den verschiedenen Steuerarten eine Beantwortung finden, so muß eine solche auch für die Fälligkeit der Steuerbeträge gefunden werden, für die Stundung gemäß § 127 AO, Zahlungsaufschub gemäß § 129 AO, Aussetzung der Vollziehung gemäß § 251 AO oder Aussetzung der Vollstreckung gemäß § 57 Beitreibungsordnung gewährt wurde. Es ist also zu untersuchen, inwieweit die Stundung, der Zahlungsaufschub, die Aussetzung der Vollziehung oder der Vollstreckung die Fälligkeit von Steuerbeträgen hinausschieben können.

Grundsätzlich liegen die Fälligkeitstermine ja fest. Sie können aber durch Stundung, Zahlungsaufschub sowie Aussetzung der Vollziehung oder der Vollstreckung hinausgeschoben werden. Während der Steuerpflichtige auf den Zahlungsaufschub gemäß § 129 AO unter Umständen einen Rechtsanspruch hat, sind in den Fällen der Stundung, der Aussetzung der Vollziehung oder der Vollstreckung vom Finanzamt Ermessensentscheidungen zu treffen. Es herrscht Übereinstimmung in Literatur und Rechtsprechung darüber, daß eine solche Entscheidung, wenn sie vor dem Fälligkeitstermin ergeht, die Fälligkeit hinausschiebt[35]. Dabei ist es gleichgültig, ob sie aus Rechtsgründen im Falle des § 129 AO oder als Ermessensentscheidung erging.

Wesentlich ist der Zeitpunkt des Ergehens der Entscheidung. Ob sie dem Steuerpflichtigen erst nach dem Fälligkeitstermin mitgeteilt wurde, bleibt ohne Betracht[36]. Die Rechtswirkungen der Verfügung treten nämlich schon mit ihrem Ergehen ein. Die Mitteilung der Verfügung ist aber notwendig in den Fällen der Aussetzung der Vollziehung und der Vollstreckung, da eine stillschweigende Aussetzung die Fälligkeit unberührt läßt, also für die Frage des Vorrechts ohne Bedeutung bleibt[37]. Das Eintreten der Fälligkeit setzt also die Frist des § 61 Ziff. 2 KO in Lauf. Von diesem Zeitpunkt an kann die Fälligkeit nicht mehr hinausgeschoben werden[38]. Die Frist des § 61 Ziff. 2 KO ist nämlich keine Verjährungs-, sondern eine Ausschlußfrist, die durch Verwaltungsakt weder verlängert noch unterbrochen werden

---

[34] So auch Mattern, G., Vorrecht von Steuerforderungen im Konkurs des Steuerschuldners, in: DStZ (A) 1953, S. 175 ff.; Jaeger-Lent, Konkursordnung, a.a.O., S. 858; Knorr, E., a.a.O., in: KTS 1957, S. 1 ff.; BGH-Urteil vom 14. Januar 1957; in: Betriebsberater 1957, S. 429.
[35] RG 140, 307; Jaeger-Lent, Konkursordnung, a.a.O., S. 856; Mentzel, Konkursordnung, a.a.O., S. 410.
[36] Knorr, a.a.O., in: KTS 1957, S. 2.
[37] RFH, Bd. 36, S. 77.
[38] RG 116, 374, 126, 252, Mentzel, Konkursordnung, a.a.O., S. 410; Jaeger-Lent, Konkursordnung, a.a.O., S. 856; Knorr, a.a.O., in: KTS 1957, S. 2.

kann[39]. Eine nachträgliche Stundung z. B. kann die laufende Frist nicht mehr unterbrechen. Das gilt auch, wenn der Steuergläubiger die Entscheidung nach Fälligkeit mit Wirkung vom Fälligkeitszeitpunkt erläßt. Knorr weist mit Recht darauf hin, daß eine solche Verfügung wohl steuerrechtliche Folgen haben kann, wie z. B. Erlaß der Säumniszuschläge, nicht aber bürgerlichrechtliche, konkursrechtliche Wirkung[40]. Die Auffassung, daß die nachträgliche Stundung keinen Einfluß auf die Frist des § 61 Ziff. 2 KO nehmen könne, und die dazu ergangene höchstrichterliche Rechtsprechung ist in der Literatur nicht unwidersprochen geblieben. So sind Limann-Schwarz der Ansicht, daß jede Stundung das Vorrecht verlängert[41]. Auch Müller vertritt den Standpunkt, daß es in der Frage des Vorrechts nicht auf einen so äußerlichen Gesichtspunkt wie den Zeitpunkt der Entscheidung über den Stundungsantrag ankommen dürfe. Dieser Zeitpunkt hänge oft nur von technischen Gründen wie z. B. Arbeitsüberlastung der Finanzämter oder verfahrensrechtlichen Gründen wie einem eventuellen Beschwerdeverfahren ab[42].

Der Vorwurf, die Gegenmeinung sei formaljuristisch in ihrer Auffassung, ist aber nicht berechtigt. Die Interessenlage der Steuergläubiger wie der Steuerschuldner wird durch das Abstellen auf den Zeitpunkt der Stundungsentscheidung gewahrt. Die Finanzbehörden haben die Aufgabe, sich rechtzeitig um den Eingang ihrer Steuerforderungen zu kümmern und evtl. Beitreibungsmaßnahmen einzuleiten, während die Steuerpflichtigen zur Vermeidung von Säumnisfolgen die Stundungsanträge rechtzeitig einreichen müssen[43]. Außerdem liegt es ja im Ermessen des Finanzamts, bei Entscheidungen über Stundung von bereits fälligen Steuerbeträgen Sicherheiten zu verlangen.

Aber auch die Tatsache, daß die vor Fälligkeit gewährte Stundung die Frist des § 61 Ziff. 2 KO hinausschiebt, ist nicht ohne Kritik geblieben. So wurde besonders die Möglichkeit, durch mehrmalige Stundung vor Fälligkeit den Beginn der Frist des § 61 Ziff. 2 KO hinauszuschieben, des öfteren angegriffen. Tatsächlich kann auf diese Weise das Vorrecht der Steuergläubiger willkürlich und zum Schaden anderer, nicht bevorrechtigter Gläubiger verlängert werden. Nichtsdestoweniger können diese bedauerlichen Fälle nicht durch Richterspruch verhindert werden, käme doch die Justiz sonst in Gegensatz zu den nach bürgerlichem und Steuerrecht maßgebenden Anschauungen über die Rechtswirkung einer Stundung.

---

[39] Maaßen, a.a.O., in: Finanzrundschau 1953, S. 153.
[40] Knorr, a.a.O., in: KTS 1957, S. 3.
[41] Limann-Schwarz, Kommentar zur Beitreibungsordnung, 1952, S. 222.
[42] Müller, a.a.O., in: DStZ (A) 1950, S. 189.
[43] Maaßen, a.a.O., in: Finanzrundschau 1953, S. 153.

In der Erkenntnis dieses Widerspruchs hat Heister[44] nach einer anderen Lösungsmöglichkeit gesucht. Er hat einen Verzicht der Finanzbehörden auf das Konkursvorrecht angenommen, wenn Stundungen über ein Jahr ausgesprochen werden. Diese Ansicht kann nicht geteilt werden, da der Versuch, aus der Stundung über ein Jahr einen Verzicht auf das Vorrecht herzuleiten, nicht den Interessen der Finanzbehörden entspricht. Im Gegensatz zur Auffassung Heisters würden die Steuergläubiger auf eine rechtzeitige Stundung von Rückständen Wert legen, um sich das Konkursvorrecht an diesen Beträgen zu erhalten. Man kann also kaum einen generellen Verzicht auf das Vorrecht in diesen Fällen annehmen[45]. Der Vorschlag Heisters kann nur die Diskussion um eine Abänderung des § 61 Ziff. 2 KO beleben, und zwar insoweit, als eine neugefaßte Vorrechtsbestimmung die Einjahresfrist auf die Entstehung der Steuerforderung oder die erste Fälligkeit ohne Rücksicht auf Stundung usw. abstellen müßte.

Offen bleibt noch die Frage der Fälligkeit von Steuerbeträgen, die für frühere Veranlagungszeiträume auf Grund von Betriebsprüfungen oder Fahndungsprüfungen anfallen. Grundsätzlich kommt es auch in diesen Fällen auf die Fälligkeit an. Mentzel und Jaeger-Lent sehen hierin eine eventuelle Schädigungsmöglichkeit des Fiskus durch den Steuerschuldner infolge von diesem vorgenommener unerlaubter Handlungen[46]. Da der Gesetzgeber dem Steuergläubiger aber kein unbegrenztes Vorrecht gewährt habe, sondern im Interesse der Schaffung klarer Verhältnisse und der Beschleunigung des Verfahrens die Grenze der Fälligkeit und Befristung gezogen habe, müsse der Fiskus das Risiko eventueller Schädigung auf sich nehmen und dürfe es nicht auf die anderen Gläubiger abschieben.

Daß das wesentliche Kriterium für die Bevorrechtigung einer Steuerforderung deren Fälligkeit innerhalb Jahresfrist vor Eröffnung des Verfahrens ist, bleibt unbestritten. Inwieweit darin eine Möglichkeit erblickt werden kann, die der unredliche Steuerschuldner zum Schaden des Staates nützen könnte, ist unklar. Die Feststellung, daß auch bei Steuernachforderungen die Fälligkeit dieser Beträge für das Vorrecht entscheidend ist, sagt über den Zeitpunkt der Fälligkeit und eine darin eventuell begründete Schädigungsmöglichkeit des Fiskus nichts aus.

Es muß daher angenommen werden, daß auch Mentzel und Jaeger-Lent zu der Ansicht neigten, daß die Fälligkeit von Steuernachforde-

---

[44] Heister, Der Konkursverwalter im Steuerrecht, in: Konkurs und Treuhand 1935, S. 119.
[45] Mentzel, Konkursordnung, a.a.O., S. 410; Jaeger-Lent, Konkursordnung, a.a.O., S. 856.
[46] Mentzel, Konkursordnung, a.a.O., S. 410; Jaeger-Lent, Konkursordnung, a.a.O., S. 858.

rungen spätestens mit der Abschlußzahlung eintrat. Nur bei dieser Annahme ist nämlich das Vorbringen verständlich, der unredliche Schuldner könne den Steuergläubiger schädigen. Tatsächlich wurde die Auffassung, die Fälligkeit von Steuernachforderungen trete spätestens mit der Abschlußzahlung ein, weitgehend vertreten. Die zweite Verordnung zur Durchführung des 2. Gesetzes zur vorläufigen Neuordnung von Steuern[47] ordnet an, daß in den Fällen, in denen der Steuerpflichtige wegen einer vorsätzlichen oder fahrlässigen Verkürzung der Steuern rechtskräftig bestraft worden ist, auch für die Vergangenheit Säumniszuschläge zu erheben sind. Das bedeutet, daß selbst die Finanzverwaltung, wenn auch hier in der Frage der Säumniszuschläge[48], die Fälligkeit von hinterzogenen Steuern zum Fälligkeitszeitpunkt spätestens der Abschlußzahlung annimmt. Während die Finanzverwaltung die Fälligkeit hinterzogener Steuern überhaupt, gleich ob vorsätzlich oder fahrlässig hinterzogener, zum Fälligkeitszeitpunkt der Abschlußzahlung annimmt, vertritt Mittelbach[49] die Ansicht, daß nur bei vorsätzlich hinterzogenen Steuern die Fälligkeit der Nachsteuern bereits mit der Abschlußzahlung eingetreten sei, weil der Steuerschuldner nur hinsichtlich dieser Beträge gewußt habe, daß mehr zu entrichten sei. Bei fahrlässig verkürzten Steuern sei dies aber nicht der Fall, so daß bei diesen erst einen Monat nach Bekanntgabe des Berichtigungsbescheides die Fälligkeit eintrete.

Aus seiner von der Rechtsprechung nicht gebilligten Ansicht über die Fälligkeit der Abschlußzahlung bei der Umsatzsteuer, lehnt Maaßen in jedem Falle, soweit es die Umsatzsteuer betrifft, eine Fälligkeit der Abschlußzahlung und der Zahlung auf Grund von Berichtigungsveranlagungen zu anderen Terminen als denen der Umsatzsteuervorauszahlungen ab[50]. Demgegenüber steht er bei Einkommensteuer, Körperschaftsteuer und Notopfer Berlin auf dem Standpunkt, daß hier Steuernachforderungen auf Grund von Berichtigungsveranlagungen nach § 222 AO die Fälligkeit der Steuerschuld

---

[47] StuZBl. 1949, S. 374.
[48] Für die Berechnung der Säumniszuschläge gibt es aber keine andere Fälligkeit als für das Konkursrecht. Die Einheitlichkeit des Begriffes der Fälligkeit für Steuerrecht und Konkursrecht wird vom BGH ausdrücklich im Urteil vom 28. November 1955 (III ZR 181/54) bestätigt.
[49] Mittelbach, Konkursvorrecht für Steuernachforderungen, in: Finanzrundschau 1954, S. 404.
[50] Maaßen, Fälligkeit der Steuer und Konkursvorrecht, in: Finanzrundschau 1953, S. 152: „Es kann nicht darauf ankommen, ob es sich um eine Abschlußzahlung nach § 13 Abs. 3 UStG oder um eine Nachforderung nach § 222 AO handelt: in beiden Fällen ist und bleibt das Konkursvorrecht verloren, wenn die Umsatzsteuer an den für die Vorauszahlung maßgeblichen Terminen fällig geworden ist und dieser Zeitpunkt länger als 1 Jahr vor Konkurseröffnung zurückliegt. Der Zeitpunkt der Vornahme der Berichtigungsveranlagung ist ebensowenig maßgebend wie der der Anforderung der Abschlußzahlung."

insoweit immer zum ersten Male begründen, wobei es gleichgültig ist, ob es sich um schuldlos oder schuldhaft verkürzte Beträge handelt[51].

Zu diesen verschiedenen Auffassungen über die Fälligkeit bei Steuernachforderungen kommt nun noch die, daß die Fälligkeit grundsätzlich erst nach einem Monat nach Bekanntgabe des Berichtigungsbescheids eintrete[52].

Bestärkt wurde diese Ansicht durch den Bundesfinanzhof, der der Regelung der Fälligkeit hinsichtlich der Begründung der Säumniszuschläge, wie sie in der zweiten Verordnung zur Durchführung des zweiten Gesetzes zur vorläufigen Neuordnung von Steuern vorgenommen ist, die rechtliche Wirksamkeit abspricht[53]. Es gibt also keine „Gesamtfälligkeit" der Steuerforderung, wie es für sie eine „Gesamtentstehung" gibt. Ein Zurückgehen auf den Fälligkeitszeitpunkt der
War mit diesem Urteil die Frage der Fälligkeit von Steuernach-
Abschlußzahlung ist daher auch nicht möglich.
forderungen für das Steuerrecht (hier in der Frage der Säumniszuschläge) durch das höchste Steuergericht der Bundesrepublik gelöst, so harrte sie noch ihrer Beurteilung durch den Bundesgerichtshof, der das letzte Wort in Fragen des Konkursrechtes spricht[54]. Gewiß hatte inzwischen der Bundesgerichtshof die Einheitlichkeit des Fälligkeitsbegriffes der Steuern im Steuerrecht und Konkursrecht bestätigt[55].

Die letzte Entscheidung in dieser Frage erging schließlich durch den Bundesgerichtshof in einem besonderen Urteil, in dem er hinsichtlich von Umsatzsteuerbeträgen, die erst auf Grund einer späteren Betriebsprüfung ermittelt wurden, deren Fälligkeit einen Monat nach Bekanntgabe des Steuerberichtigungsbescheides annahm[56]. Der Gedanke einer Gesamtfälligkeit wird auch vom Bundesgerichtshof abgelehnt.

---

[51] Maaßen, a.a.O., S. 150.
[52] Nake, Das Konkursvorrecht der Steuerforderung, in: Betriebsberater 1953, S. 350; Knorr, a.a.O., in: KTS 1957, S. 1.
[53] BFH-Urteil vom 21. Juli 1955 II 55/54 U — BStBl. 1955 III S. 298: „Im übrigen besteht die besondere Eigenart der Veranlagungssteuern im Gegensatz zu den sogenannten Fälligkeitssteuern gerade darin, daß die Verpflichtung zur Entrichtung der Steuern erst durch die das Ziel der Veranlagung bildende Steuerfestsetzung begründet wird. Da aber die Regelung der Fälligkeit ausschließlich an die Zahlungsverpflichtung des Steuerpflichtigen anknüpft (§ 3 Abs. 2 StAnpG), so kann die Fälligkeit der veranlagten Steuern nicht eintreten, ohne daß durch eine vorherige Steuerfestsetzung die Verpflichtung zur Entrichtung (Zahlung) der Steuern begründet worden wäre."
[54] Dies ist hinsichtlich der Frage des Konkursvorrechtes der öffentlichen Abgaben nicht unbestritten. Vgl. das folgende Kapitel.
[55] BGH-Urteil vom 28. November 1955 (III ZR 181/54), in: KTS 1956, S. 11 ff.
[56] BGH-Urteil vom 23. Februar 1959 (III ZR 237/57), in: Monatsschrift für Deutsches Recht 1959, S. 469.

Es spricht nichts dagegen, daß dieses Urteil auch auf die anderen Steuerarten anwendbar ist.

Resumierend kann man also festhalten, daß die Fälligkeit der Steuerforderungen maßgebliches Kriterium des Vorrechts gemäß § 61 Ziff. 2 KO ist. Entscheidend ist dabei jeweils der Eintritt der ersten Fälligkeit. Dieser Grundsatz der Maßgeblichkeit der ersten Fälligkeit ist auch anzuwenden auf die Steuervorauszahlungen. Bei der Umsatzsteuer ist dabei zu beachten, daß nicht entrichtete Beträge infolge unrichtiger Anwendung der Steuersätze und unvollständiger Voranmeldung nicht zu den Vorauszahlungen, sondern zur Abschlußzahlung gehören und an deren Fälligkeitstermin ihre erste Fälligkeit erfahren. Am Grundsatz der Maßgeblichkeit der ersten Fälligkeit für die Einjahresfrist des § 61 Ziff. 2 KO wird auch festgehalten bei Stundungen, Zahlungsaufschub, Aussetzung der Vollziehung und Aussetzung der Beitreibung. Entscheidet sich die Finanzbehörde vor dem Eintreten der Fälligkeit für einen Aufschub, tritt die erste Fälligkeit nicht ein. Demgegenüber beginnt aber die Einjahresfrist des § 61 Ziff. 2 KO zu laufen, wenn die Fälligkeit einmal eingetreten ist und die aufschiebende Entscheidung der Finanzbehörde erst später erging.

Und auch bei Steuernachforderungen infolge Berichtigungsveranlagungen, die durch Betriebs- oder Fahndungsprüfungen veranlaßt wurden, gilt der Grundsatz der Maßgeblichkeit der ersten Fälligkeit für das Vorrecht des § 61 Ziff. 2 KO. Eine „Gesamtfälligkeit" der Steuerforderungen gibt es aber nicht, so daß die erste Fälligkeit von Teilbeträgen, die aus einer Berichtigungsveranlagung resultieren, erst einen Monat nach Bekanntgabe des Berichtigungsbescheides eintritt.

Fünftes Kapitel

Der Kompetenzstreit der ordentlichen und der Finanzgerichte in Fragen des Konkursvorrechts der öffentlichen Abgaben

In einer Reihe von Entscheidungen[57] haben sich ordentliche und Steuergerichte mit der Frage befassen müssen, welche Gerichte in Fragen des Konkursvorrechts der öffentlichen Abgaben zuständig seien. Dabei haben die Entscheidungen des Reichsgerichts wie des Reichsfinanzhofs für die Vorkriegszeit stets die Zuständigkeit der ordentlichen Gerichte bejaht. Auch nach dem Kriege bestätigten sowohl ordentliche wie Steuergerichte die Zuständigkeit der ordent-

---

[57] RFH Slg., Bd. 20, S. 240; RG, Bd. 116, S. 368; BGH, in: NJW 1954, S. 31 und 1038; BFH, in: Betriebsberater 1953, S. 317.

lichen Gerichtsbarkeit. Als Begründung dafür wurde angegeben, daß die in § 61 KO getroffene Regelung der Konkurrenz der Konkursgläubiger untereinander durch Aufstellung einer bestimmten Rangordnung ihre Grundlagen im Bereich des dem bürgerlichen Recht zugehörigen Konkursrechts habe. Das Vorrecht der Steuerforderungen sei also ein Anspruch aus dem materiellen Konkursrecht und nicht aus dem materiellen Steuerrecht oder Steuerverfahrensrecht[58]. Auch wurde dargestellt, alle Vorrechte seien im bürgerlichen Recht begründet, was daraus hervorgehe, daß das öffentliche Gemeinwesen das Vorrecht anmelden müsse, also nicht als Hoheitsträger berücksichtigt werde[59].

Das Schrifttum hat dagegen überwiegend den Standpunkt vertreten, bei Streitfällen über das Konkursvorrecht seien die Finanzgerichte zuständig[60]. Es wurden Zweckmäßigkeitsüberlegungen angestellt insofern, als die Steuergerichte in den anstehenden steuerlichen Fragen geeigneter seien als die ordentlichen Gerichte. Die Probleme beträfen nämlich weniger das materielle Konkursrecht als steuerrechtliche Tatbestände. Die Beurteilung dieser obliege aber nach § 146 Abs. 5 KO den Steuergerichten[61].

Als gewichtigstes Argument wird aber angeführt, daß der rechtliche Charakter des Vorrechts als bloße Eigenschaft der Forderung selbst, von deren Rechtsnatur abhängt[62]. Ist also die Forderung bürgerlichrechtlicher Art, wie z. B. bei Ansprüchen der Ärzte, so gehört das Vorrecht dem bürgerlichen Recht an. Im Falle der Ansprüche aus öffentlichen Abgaben liegen unbestritten öffentlichrechtliche Forderungen vor. Demnach kann das Vorrecht nur vor den dafür zuständigen Finanzgerichten Streitgegenstand sein. Die Auffassung, daß sich die Einordnung des Vorrechts der Steuergläubiger in das bürgerliche Recht aus der Stellung dieser Gläubiger im Konkursverfahren herleiten lasse, kann ebenfalls nicht unwidersprochen bleiben. Die keineswegs bevorzugte Position des Fiskus im Verfahrensrecht bei Konkursen kann nicht zum Ergebnis führen, daß das Vorrecht für seine Forderungen dem bürgerlichen Recht zuzuordnen ist, während die Forderungen selbst unzweifelhaft dem öffentlichen Recht angehören.

Andererseits kann der Einwand, die Vorrechtsstreitigkeiten müßten aus Zweckmäßigkeitsgesichtspunkten oder wegen der überwiegenden Notwendigkeit, Entscheidungen über steuerrechtliche Tatbestände zu treffen, den Finanzgerichten zugeordnet werden, mit Rücksicht auf rechtsstaatliche Erfordernisse kaum aufrechterhalten werden. Daß die

---

[58] So dargestellt in der Begründung des BFH-Urteils vom 6. März 1958 (BStBl. III 1958 S. 201).
[59] RG, Bd. 135, S. 32; Maaßen, a.a.O., in: Finanzrundschau 1953, S. 150.
[60] Jaeger, Konkursordnung, 6/7. Aufl., Anm. 16 zu § 146.
[61] Vgl. Müller, a.a.O., im DStZ (A) 1950, S. 190.
[62] Jaeger-Lent, Konkursordnung, a.a.O., S. 844.

Kompetenz der Steuergerichte sich aus § 148 Abs. 5 KO ergebe, kann auch nicht geschlossen werden, denn dort ist die Zuständigkeit der Steuergerichte nur auf Streitigkeiten über Grund oder Betrag der Forderung unter Berücksichtigung von § 148 Abs. 4 KO beschränkt.

Die Überlegung, daß die Rechtsnatur der Forderung auch die ihres Vorrechts bestimme, ist aber nach dem Kriege nicht unberücksichtigt geblieben. Der Bundesgerichtshof hat vielmehr diese Auffassung bestätigt[63]. Er hat konzediert, daß Bedenken gegen die alten Entscheidungen vorliegen. Dennoch ist er von seinem Standpunkt nicht abgewichen, sondern hat nur eine andere Begründung dafür gefunden.

Die Abgabenordnung habe nämlich in solchen Fällen, in denen bei Durchsetzung von Steueransprüchen gewisse Kollisionen mit unbeteiligten dritten Personen eingetreten seien, den sich hieraus ergebenden Streitigkeiten ausdrücklich nichtsteuerlichen Charakter beigemessen und sie der Entscheidung der ordentlichen Gerichte zugewiesen, so in den §§ 328, 346 und 370 AO. Daraus sei der Schluß gerechtfertigt, daß derartige Streitigkeiten jedenfalls im Bereich der Abgabenordnung allgemein im Rahmen der ordentlichen Gerichtsbarkeit entschieden werden sollten[64].

Dieser Auffassung hat sich der Bundesfinanzhof nicht angeschlossen. Die vom Bundesgerichtshof angeführten Bestimmungen seien Sondervorschriften, aus denen kein allgemeiner Grundsatz abgeleitet werden könne. Der Ansicht des Bundesgerichtshofs, daß das Konkursvorrecht eine der Steuerforderung innewohnende Eigenschaft sei, man also die Feststellung der Forderung trennen könne, stimmt der Bundesfinanzhof zu und kommt zu der wenig überraschenden Feststellung, daß dies eine Steuersache im Sinne des § 242 AO sei, zumal das Vorrecht allein von der Fälligkeit der Steuerforderung abhänge, die ausschließlich in den Steuergesetzen und der Abgabenordnung geregelt sei. Somit erklärt das höchste Steuergericht der Bundesrepublik seine Zuständigkeit in Fragen des Vorrechtsstreits für gegeben[65].

Damit war aber nicht das letzte Wort gesprochen. Der Bundesgerichtshof hat ebenfalls in späteren Urteilen[66] seine Kompetenz bejaht. Es ergibt sich also ein Kompetenzkonflikt zweier höchster Gerichte der Bundesrepublik.

Für diesen Fall hat das Grundgesetz in seinem Artikel 95 die Einsetzung eines Obersten Bundesgerichts vorgesehen. Dieser Gerichtshof soll die Einheit des Bundesrechts wahren und in Fällen entscheiden, in denen die oberen Bundesgerichte verschiedener grundsätzlicher

---

[63] BGH, in: NJW 1954, S. 31 und 1038.
[64] So wiedergegeben im BFH-Urteil vom 6. März 1958 (BStBl. III 1958 S. 201).
[65] BFH-Urteil vom 6. März 1958 IV 71/57 U (BStBl. III 1958, S. 201).
[66] BGH-Urteil vom 23. Februar 1959 III ZR 237/57 (MDR 1959 S. 469).

Auffassung sind. Dieses höchste Gericht ist aber bis heute noch nicht durch ein Bundesgesetz installiert worden. So kann von dieser Seite nicht mit einer Lösung des Problems gerechnet werden.

Eine gewisse Entscheidung, wie in diesem Konflikt in der Praxis zu verfahren sei, hat die Finanzverwaltung damit getroffen, daß sich die Steuerreferenten der Länder mit Ausnahme Bayerns einigten, für die Feststellung des Konkursvorrechtes von Steuerforderungen seien die Steuergerichte zuständig. Im Hinblick auf die gegenteilige Auffassung des Bundesgerichtshofs soll jedoch zunächst bei Klagen vor einem ordentlichen Gericht von einer Rüge der sachlichen Unzuständigkeit abgesehen werden[67].

So bleibt es also, trotz des von der Finanzverwaltung als vorrangig angesehenen Rechtsweges über die Steuergerichte bei der Möglichkeit für den Kläger, auch den ordentlichen Rechtsweg zu beschreiten.

---

[67] Verfügung der OFD Frankfurt vom 13. April 1960, S 1235 A (Neue Wirtschaftsbriefe, Fach 1/1960, S. 95).

Dritter Teil

Grundsätzliche Kritik am Konkursvorrecht der öffentlichen Abgaben

Erstes Kapitel

Kritik der Rechtfertigungsargumente

1. Das fiskalische Konkursvorrecht als Bestandteil aller Rechtsordnungen

Carl Hagens hat bei der Fertigung seines Entwurfs einer Deutschen Gemeinschuldordnung mit einer bewundernswerten Sorgfalt das Insolvenzrecht anderer Staaten untersucht und in dem Entwurf berücksichtigt. In der Frage des Konkursvorrechts der öffentlichen Abgaben kam er aber zu dem Ergebnis, die Vorrechtsregelungen der anderen Staaten unberücksichtigt zu lassen, weil er die Schädlichkeit eines fiskalischen Vorrechts weitblickend erkannte. Die damaligen gesetzgebenden Organe haben seine Auffassung nicht geteilt. So mußte er in den Motiven, die dem Reichstag zugeleitet wurden, auch die vom Bundesrat durchgesetzte Beibehaltung der im gemeinen deutschen Recht mit Ausnahme von Nassau vorhandene Bevorrechtigung der öffentlichen Abgaben vertreten und begründen. Wie schwer ihm das gefallen ist, kann man zwischen den Zeilen der Motive lesen, die Begründung entspricht nicht dem ansonsten vorbildlichen geschlossenen juristischen Stil des hervorragenden Kenners der insolvenzrechtlichen Materie, sie ist sogar in Einzelheiten nicht schlüssig, was sonst bei Hagens kaum bemerkt werden kann.

Wenn Hagens also am Beginn seiner Begründung des fiskalischen Vorrechts darauf hinweist, daß dieses Vorrecht in allen Staaten der Gegenwart besteht und auch in Deutschland überall mit Ausnahme Nassaus[1], so sollte dieser Hinweis schon eine Rechtfertigung der Beibehaltung des Vorrechts darstellen. Auch in späterer Zeit hat man oft die Kritik am Vorrecht des Fiskus damit wegzuwischen versucht, indem man darauf hinwies, daß alle Staaten die Vorrechtsregelung in

---

[1] Motive II, a.a.O., S. 239.

ihre Rechtsordnung aufgenommen hätten[2]. Ist das Vorrecht des Fiskus für öffentliche Abgaben aber Bestandteil aller übrigen Rechtsordnungen? Und wenn auch die anderen Staaten diese Regelung kennen, ist sie zwingender Bestandteil ihrer Rechtsordnungen? Diese Fragen sollen im folgenden einer Klärung zugeführt werden.

Wie im historischen Teil dieser Arbeit bereits ausgeführt wurde, hat die Vorrechtsregelung unter dem Einfluß der aristotelischen Staatsauffassung in den absolutistischen Staaten bis in die Gegenwart ihre Rechtfertigung gefunden. Erst der Liberalismus hat einer anderen Betrachtungsweise Raum gegeben. So ist es nicht verwunderlich, daß zur Zeit des Entwurfs der derzeitigen Konkursordnung die Rechtsordnungen der anderen Staaten das Vorrecht der öffentlichen Abgaben enthielten. In den meisten Staaten konnte mit einem vom klassischen Liberalismus beeinflußten Denken in den gesetzgebenden Organen nicht gerechnet werden. Andererseits aber bestätigt das Fehlen des Konkursvorrechts der öffentlichen Abgaben im Herzogtum Nassau meine These von der Abhängigkeit dieses Vorrechts von der Staatsauffassung, da gerade Nassau in den verschiedensten Fragen einen richtungsweisenden liberalen Geist vertreten hat[3].

Erklärend ist auch die Tatsache, daß das fiskalische Konkursvorrecht am wenigsten eingeschränkt in den autoritären Staaten existiert, während Staaten mit gemäßigter liberaler Staatsauffassung die Vorrechtsregelung zwar teilweise noch beibehalten, aber deren Ausmaß von Jahr zu Jahr einengen.

In der UdSSR ist das fiskalische Vorrecht in den einzelnen Sowjetrepubliken gesondert geregelt. Die Hauptrepublik Rußland kennt es uneingeschränkt im zweiten Rang[4]. Die Sowjetzone Deutschlands hat das Vorrecht des § 61 Ziff. 2 KO, das dort ohnehin zeitlich unbeschränkt ist, auch auf alle übrigen Forderungen, die zum „Volkseigentum" gehören, ausgedehnt[5].

Gegenüber diesen krassen Regelungen haben Staaten wie Österreich, Italien, England und die Vereinigten Staaten von Nordamerika die früher weitreichenderen Forderungsvorrechte des Fiskus mehr und mehr eingeschränkt. Andere Staaten haben seit jeher nur ein Vorrecht der Steuerforderungen, das auf deren Fälligkeit innerhalb eines kur-

---

[2] So z. B. der Abgeordnete Hullmann bei der 1. Lesung des Entwurfs vor der VIII. Reichstagskommission, vgl. Protokolle der Kommission, Motive II, a.a.O., S. 556.
[3] Man denke nur an die landständische Verfassung von 1814, die Einräumung des indirekten Wahlrechts 1848 oder die Fragen der unierten Kirche.
[4] Dölle im Rechtsvergleichenden Handwörterbuch für Zivil- und Handelsrecht des In- und Auslands, a.a.O., S. 122.
[5] § 1 der Verordnung über den Rang volkseigener Forderungen im Konkurse des Schuldners vom 28. Oktober 1951; Gesetzblatt der DDR 1951, S. 955.

zen Zeitraumes vor Konkurseröffnung abgestellt ist, z. B. Norwegen auf ½ Jahr.

Überhaupt keine fiskalischen Vorrechte kennt die Schweiz. Dazu kommt noch als weiteres Charakteristikum, daß dort wegen Steuerforderungen noch nicht einmal der Konkurs beantragt werden kann[6].

So kommen also in den Rechtsordnungen die verschiedensten Vorrechtsregelungen für Steuerforderungen vor oder sie fehlen ganz wie in der Schweiz und früher im Großherzogtum Nassau. Daraus ergibt sich eindeutig, daß das fiskalische Vorrecht nicht Bestandteil der Rechtsordnungen aller Staaten war und ist und, wie die Beispiele zeigen, erst recht kein zwingender Bestandteil der Rechtsordnungen der anderen Staaten sein kann. Damit kann also die Kritik am Konkursvorrecht des Steuergläubigers nicht beseitigt werden, daß man auf seine Privilegien in anderen Rechtsordnungen hinweist.

Aber noch ein weiteres ist der Untersuchung der Vorrechtsregelung der anderen Rechtsordnungen zu entnehmen. Während die autoritären Staaten ein fast uneingeschränktes Vorrecht oft sogar aller ihrer Forderungen haben, wird in den Staaten liberaler Prägung das Steuervorrecht mehr und mehr eingeschränkt oder verschwindet ganz. Staatsauffassung und Vorrechtsregelung für Steuerforderungen stehen also in einem engen Verhältnis.

2. Das Konkursvorrecht der öffentlichen Abgaben als Maßnahme zur Sicherung der Haushaltseinnahmen

Das Konkursvorrecht der öffentlichen Abgaben ist stets begründet worden mit der Notwendigkeit, die öffentlichen Einnahmen zu sichern. Vorbedingung jeder Sicherheit des Eigentums und des Verkehrs sei der Schutz des Staates, der aus diesem Grunde vorzugsweise sichergestellt werden müsse, heißt es in der Begründung zur Konkursordnung von 1877[7]. Insofern ist es die Rücksicht auf das „Öffentliche Wohl" gewesen, die zur Beibehaltung des Vorrechts der Steuergläubiger führte.

Bei der Betonung des Staatsdenkens in der damaligen Zeit[8] erscheint es nicht verwunderlich, daß der Sicherung der Einnahmen des Staates

---

[6] Jaeger-Lent, Konkursordnung, a.a.O., S. LXI ff.
[7] Motive II, a.a.O., S. 239.
[8] Bismarck in seiner Reichstagsrede vom 24. Februar 1881: „Für mich hat immer nur ein einziger Kompaß, ein einziger Polarstern, nach dem ich steuere, bestanden: salus publica ... doktrinär bin ich in meinem Leben nicht gewesen; alle Systeme, durch die die Parteien sich getrennt und gebunden haben, kommen für mich in zweiter Linie, in erster Linie kommt die Nation, ihre Stellung nach außen, ihre Selbständigkeit, unsere Organisation in der Weise, daß wir als große Nation in der Welt frei atmen können."

ein Vorrang eingeräumt wurde vor Belangen der Individuen. Das Vorrecht des Fiskus dient der Erhaltung der Staatsautorität und der Erfüllung der Staatsaufgaben[9].

Diese Aufgaben liegen in der Natur des Staates begründet, sie werden erfüllt zum Nutzen seiner Bürger. Die Tätigkeit des Staates in Erfüllung seiner gesellschaftlichen Ordnungsfunktion liegt auf sozialem, wirtschaftlichem, politischem und kulturellem Gebiet. Hierzu bedarf er der Einnahmen, die von den Bürgern im wesentlichen erbracht werden müssen. Ein Staat, der seinen Aufgaben gerecht werden soll, ist also auf die notwendigen Einnahmen angewiesen[10].

Besonders unter dem Aspekt des ständig wachsenden Finanzbedarfs des Staates[11], ist der vollständige Eingang der Staatseinnahmen erforderlich. Er ist es um so mehr, als gerade infolge des letzten Krieges die staatlichen Aufgaben sehr stark gestiegen[12] sind und angesichts der besonderen sozialen Verpflichtungen keine ungenügende Lösung erfahren dürfen.

Diese Erscheinung beruht auf dem in den letzten Jahrzehnten vollzogenen Wechsel der Staats- und Sozialauffassung des Bürgers, immer mehr Aufgaben vom einzelnen auf den Staat abzuwälzen. Damit gleich läuft die Tendenz, immermehr vom Staat die Unterstützung in Nöten und Sorgen zu verlangen. Äußeres Zeichen dieser Situation ist die unerwartet große Steigerung der Sozialleistungen und Soziallasten[13]. Daneben ist der militärische Finanzbedarf infolge der verbesserten Technik der Kriegsführung angestiegen.

---

[9] Mentzel bezeichnet noch heute als tragenden Grund der Vorrechtsregelung des § 61 Ziff. 2 KO, „daß die im Jahre vor Konkurseröffnung fällig gewordenen Steueransprüche als ein Gut der Allgemeinheit nach den aus sozialen Gründen bevorrechtigten Gläubigern, aber vor allen übrigen zu berücksichtigen sind".

[10] Schmölders, G., Finanzpolitik, a.a.O., S. 141: „... ist nur soviel richtig, daß es auch in der öffentlichen Finanzwirtschaft eine Art ‚Existenzminimum' an Aufgaben gibt, die nicht ungestraft ausfallen können; die Ausgaben für die Aufrechterhaltung der Staatshoheit, ihrer willensbildenden Organe und ihrer Funktionen in Legislative, Exekutive und Jurisdiktion sowie für die Sicherheit des Staatsvolkes im Innern (Polizei) und nach außen (Wehrmacht) sind von der Staatsform und den wechselnden politischen Zielsetzungen weitgehend unabhängig."

[11] Eine von Adolph Wagner in Form eines Gesetzes aufgestellte Prophezeiung, die sich wohl erfüllt hat (vgl. Wagner, A., Grundlegung der politischen Ökonomie, 3. Aufl., Teil 1. Grundlagen der Volkswirtschaft, S. 892 ff., Leipzig 1892).

[12] Schmölders, G., Finanzpolitik, a.a.O. S. 125: „... der jährliche Finanzbedarf des Deutschen Reiches und seiner Bundesstaaten hat sich in den drei Jahrzehnten vor dem ersten Weltkrieg ungefähr vervierfacht, zwischen den beiden Weltkriegen jedoch schon in der Hälfte dieser Zeitspanne nochmals versechsfacht, ganz abgesehen von seiner hektischen Ausdehnung während der eigentlichen Kriegsjahre."

[13] Vgl. Schmölders, G., Finanzpolitik, a.a.O., S. 135, 138 und 175.

Ist also die Notwendigkeit ausreichender Mittelbeschaffung mit dem Wesen des Staates unlöslich verbunden, weil die Erfüllung der Staatsaufgaben, soweit sie seine hoheitliche und ordnende Funktion betreffen, die Voraussetzung aller privaten Wirtschaft ist, so muß das Augenmerk darauf gerichtet werden.

Der Einklang zwischen Mittelbedarf und seiner Deckung wird im Haushaltsplan erzielt. „Dieser stellt seinem Wesen nach einen Voranschlag, eine Schätzung und einen Vergleich der künftigen Einnahmen und Ausgaben dar[14]." Die Form eines Gesetzes gibt ihm dessen strenge Verbindlichkeit[15].

Inhalt und Form des Haushaltsplanes sind im Grundgesetz und der Reichshaushaltsordnung niedergelegt. Wichtigster Grundsatz ist die Bestimmung, daß der Haushaltsplan in Einnahme und Ausgabe auszugleichen ist[16]. Ihm ist die finanzielle Stabilität der Gesamtwirtschaft zu verdanken.

Dies ist der Grund für die große Beachtung, die das Gleichgewicht des Haushaltsplanes in der gesamten Finanzpolitik findet, und zwar weniger das technische, sondern das reale Gleichgewicht. Auch die Frage des Konkursvorrechts der öffentlichen Abgaben wird hiervon tangiert. Das Konkursvorrecht der öffentlichen Abgaben ist nämlich von Bedeutung für die Einnahmeschätzungen bei der Aufstellung des Haushaltsplanes. Auch bei der Erhebung der veranschlagten Einnahmen und der Kontrolle der Erhebungen spielt dann das Vorrecht des Fiskus im Konkurse eine Rolle.

Das Konkursvorrecht des Fiskus sichert nämlich tatsächlich die Mittelbeschaffung des Staates. Die Ausfälle des Fiskus aus Konkursen wären höher, wenn nicht die Bestimmung des § 61 Ziff. 2 KO bestünde. Bei der Aufstellung des Haushaltsplanes kann also von einem höheren Aufkommen ausgegangen werden, wenn das Konkursvorrecht besteht. Ebenso dient das gesetzliche Vorrecht des Fiskus dem besseren Eingang der Steuerforderungen und auch die Rechnungshöfe werden bei der Kontrolle der Haushaltsrechnungen darauf achten, daß im Hinblick auf das Konkursvorrecht des Fiskus die veranschlagten Einnahmen weitgehend vollständig eingehen. So bestätigt sich auf den ersten Blick die Motivierung des Konkursvorrechts der öffentlichen Abgaben, es sei zur Sicherung der Haushaltseinnahmen notwendig, liege also im Interesse des „öffentlichen Wohls".

Dem Betrachter zeigt sich allerdings ein oberflächliches Bild. Man muß aber auch die Erscheinungen beobachten, die hinter den vorder-

---

[14] Schmölders, G., Finanzpolitik, a.a.O., S. 48.
[15] Amonn, A., Grundsätze der Finanzwissenschaft, 1. Teil, S. 83, Bern 1947.
[16] Artikel 110 Abs. 2 Satz 2 des Grundgesetzes.

gründigen Vorgängen entscheidend für den ganzen Fragenkomplex sind.

Schon die fiskalischen Privilegien im Konkurse, die die Preußische Konkursordnung von 1855 enthielt, wurden von den Kritikern abgelehnt mit der Begründung, „daß bei einer geordneten Staatsverwaltung der Ausfall, welchen der Staat im Konkurse erleidet, für den Staatshaushalt kaum ins Gewicht fallen möchte, und daß es wirtschaftlich richtiger sei, wenn der Verlust sich auf die Gesamtheit aller Steuerpflichtigen verteilt, als wenn die wenigen durch den Konkurs ohnehin geschädigten Gläubiger den Ausfall des Staates zusammensteuern"[17].

Das in den Motiven zur Konkursordnung zitierte „öffentliche Wohl", das zur Beibehaltung der Vorrechte des Fiskus zwinge, wird dadurch in Frage gestellt. Es liege nahe, daß die Motivierung, das Vorrecht sei notwendig zur Sicherstellung der Staatseinnahmen im öffentlichen Interesse, nur fiskalischen Interessen vorgeschoben wurde. Eine Untersuchung darüber für die heutige Zeit wird dies ergeben. Aber auch für die damalige Zeit kann diese Motivierung widerlegt werden.

Schon in den Motiven zur Preußischen Konkursordnung von 1855, einem der bedeutendsten Vorläufer der geltenden Konkursordnung, war das Vorrecht des Fiskus mit dem „öffentlichen Wohl" begründet worden. Dabei waren die Forderungen der Staatskasse im ersten Rang, die der Gemeinden, Kreise und Provinzen im zweiten Rang bevorrechtigt. Zur Begründung des Vorrechts der Kommunen war in den Motiven besonders angeführt, daß das Vorrecht in diesen Fällen wegen des kleineren Kreises der Verpflichteten um so mehr begründet sei, weil einerseits die Rücksichten der Schonung bei der Einziehung hier häufiger eintreten müssen, andererseits ein Verlust drückend empfunden wird[18].

Daraus folgt also, daß das Vorrecht von Forderungen an „größere Kreise" um so weniger zu vertreten ist, je größer sie sind. Demnach hätte es also den und so richtig verstandenen Forderungen des öffentlichen Wohls entsprochen, wenn die Forderungen gegen die „kleineren Kreise" im Range vor den Staatsforderungen gestanden hätten. In logischer Konsequenz wäre auch also dem einzelnen ein vorrangiges Recht zuzugestehen. Da aber alle Forderungen im Recht gleich sind, wäre also zumindest eine Gleichrangigkeit zu erwarten gewesen[19]. Das „öffentliche Wohl" kann also nur beschränkt selbst im Sinne der damaligen Gesetzesautoren als ausreichende Rechtfertigung des fiskalischen Vorrechts angesehen werden.

---

[17] Motive II, a.a.O., S. 239.
[18] Zitiert bei Goltdammer, Konkursordnung, a.a.O., S. 183.
[19] Koch, C. F., Preußische Konkursordnung, a.a.O., S. 80.

Die Autoren, die das Konkursvorrecht vertreten, weisen immer auf die Notwendigkeit hin, die öffentlichen Einnahmen zu sichern, um die Erfüllung der staatlichen Aufgaben nicht zu gefährden. Dagegen bringen die Kritiker vor, daß die Ausfälle, die der Staat in Konkursen erleiden würde, für den Haushalt nicht ins Gewicht fallen und daß die Allgemeinheit die Verluste leichter tragen könne als die ohnehin betroffenen Gläubiger[20].

Bei den gegenüber den heutigen Steuersätzen außerordentlich niedrigen Steuern in der Zeit der Verabschiedung der Konkursordnung im Jahre 1877 und auch in den folgenden Jahrzehnten bis zur Steuer- und Finanzreform von 1919 treffen die Argumente der Kritiker ohne weiteres zu. „Die Preußische Einkommensteuer von 1891 begnügte sich mit Steuersätzen, die zwischen 1 vH und 4 vH des Einkommens gestaffelt waren, so daß von einer fühlbaren Rückwirkung dieser Besteuerung auf das Wirtschaftsleben keine Rede sein konnte[21]. So konnten die Ausfälle, die dem Staat aus Konkursen entstanden wären, sicherlich ohne Gefährdung der Erfüllung der staatlichen Aufgaben vom Staat getragen werden[22]. Und auch 1913/14, als die Einkommensbesteuerung pro Kopf der Bevölkerung noch jährlich 23 Mark betrug[23], hatte sich daran noch nichts geändert.

So kann auch Knorr beigepflichtet werden, der die Summe aller nach § 61 Ziff. 1 bis 5 KO bevorrechtigten Forderungen im Verhältnis zu den „übrigen" nicht bevorrechtigten Konkursforderungen um 1877 und weiter etliche Jahrzehnte hindurch erfahrungsgemäß nur als unerheblich bezeichnet[24]. Die Frage war eben nur vom Prinzip her von Bedeutung, in der wirtschaftlichen Auswirkung für den Staat bei den Einnahmen oder für die nichtbevorrechtigten Gläubiger in dem höhe-

---

[20] Jaeger, E., Lehrbuch des Deutschen Konkursrechts, a.a.O., S. 65: „Es widerstreitet aller Billigkeit, daß der Fiskus, dessen Konkursverluste von Millionen zu tragen und darum kaum zu verspüren sind, mit seinen ins ungemessene gesteigerten Abgabenansprüchen etwa einem Verkäufer oder Darlehnsgeber vorgeht, der die ganze Schwere des Ausfalls persönlich zu tragen hat." — Stemmer, E., Konkurs und Wirtschaft, Basel 1952, S. 22: „... weil es wirtschaftlich tragbarer ist und die ökonomische Schädigung der Volkswirtschaft weniger zutage tritt, wenn die Verluste sich auf eine Vielzahl von Wirtschaftssubjekten verteilen, als wenn sie nur auf eines oder einige Individuen abgewälzt würden."
[21] Schmölders, G., Finanzpolitik, a.a.O., S. 242.
[22] Aus der Sicht des Deutschen Reiches muß allerdings zugegeben werden, daß das Konkursvorrecht eine bedeutsame Rolle hätte spielen können. Dem Deutschen Reich standen damals nur die Zölle und indirekten Steuern neben den Matrikularbeiträgen zur Verfügung. Bei der Konjunkturempfindlichkeit der damaligen indirekten Steuern hatte die Reichskasse also schon ein großes Interesse am vollständigen Eingang der Steuern, zumal Reserven aus der französischen Kriegsentschädigung 1879 nicht mehr vorhanden waren.
[23] Schäffer, F., Ein Rechenschaftsbericht über die Deutsche Finanzpolitik 1949—1953 (28. Januar 1953), S. 21.
[24] Knorr, E., in: KTS 1957, a.a.O., S. 1.

ren Ausfall war sie von untergeordneter Bedeutung. Nichtsdestoweniger war die Kritik am Konkursvorrecht des Fiskus insoweit berechtigt, als die Begründung, es sei zur Sicherung der notwendigen Einnahmen des Fiskus notwendig, wegen der geringen Einbußen, die der Fiskus bei Fortfall seines Vorrechts erlitten hätte, nicht den Tatsachen entsprach.

Bei der heute völlig veränderten Situation, die einerseits infolge der verbreiteten Staatsaufgaben einen um das mehrfache gestiegenen öffentlichen Finanzbedarf erfordert, andererseits aber diesen Bedarf im wesentlichen aus Steuern decken muß, was zu einer erheblich höheren Steuerbelastung der Bürger geführt hat, ist die Frage erneut zu stellen, ob das Konkursvorrecht der öffentlichen Abgaben notwendiges Instrument zur Sicherung der Haushaltseinnahmen ist und infolgedessen eine Benachteiligung der nichtbevorrechtigten Gläubiger zugunsten des Staates gerechtfertigt erscheint.

Die Steigerung des Finanzbedarfs und der Steuerbelastung im Deutschen Reich bzw. der Bundesrepublik ergibt sich aus nachstehender Tabelle[25]:

	1913	1926	1938	1952
Finanzbedarf in Milliarden M, RM oder DM	7,2	17,2	35,0	36,3
Steuerbelastung pro Kopf der Bevölkerung in M, RM oder DM	108	270	513	748

Während also der Finanzbedarf von 1913 im Deutschen Reich bis 1952 in der Bundesrepublik um rund 404 vH gestiegen ist, beträgt der Steigerungsprozentsatz der Steuerbelastung pro Kopf der Bevölkerung in der Bundesrepublik 1952 rund 593 vH. Bei derart verändertem Haushaltsvolumen kann die Frage, inwieweit das Konkursvorrecht zur Sicherung der Einnahmen beiträgt und wie es sich im einzelnen Konkursfall auswirkt, eine andere Bedeutung erhalten.

Dazu ist erforderlich, die Höhe der tatsächlichen Ausfälle des Fiskus aus Insolvenzen zu erfahren. Hierüber gibt es aber keine offizielle Statistik. Die Veröffentlichungen des Statistischen Bundesamtes beschränkten sich auf die Zahlenangaben über die Verfahren, evtl. noch die Höhe der Gesamtverluste und die Deckungsquoten, es wird aber nicht die Höhe der Gesamtforderungen oder die Höhe der Forderungen des Fiskus angegeben.

So mußte der Verfasser eigenes Material zusammenstellen, das jeweils nur eine begrenzte Zahl von Insolvenzen innerhalb räumlich begrenzter Gebiete umfaßt. Dennoch geben die Untersuchungen einen

---

[25] Auszugsweise entnommen aus Schmölders, G., Finanzpolitik, a.a.O., S. 127.

Überblick über die derzeitige Situation. In einem großstädtischen Finanzamtsbezirk fielen innerhalb dreier Jahre 64 Insolvenzen an, die der Verfasser auf die angeschnittene Frage hin untersuchen durfte[26]. Zunächst mußten aus diesen Verfahren acht ausgeschieden werden, die am Tage der Untersuchung noch nicht abgeschlossen waren.

Naturgemäß können bei der Beurteilung von Insolvenzen immer nur Ergebnisse etwas zurückliegender Jahre zugrunde gelegt werden, weil die Abwicklung der Verfahren sich oft über Jahre hinzieht.

Bei den restlichen 56 Insolvenzen hatte das Finanzamt Forderungen in Höhe von 655 703,— DM zu vertreten. Davon gingen ein 286 225,— DM (= 43,6 vH), so daß sich Ausfälle von 369 478,— DM ergaben. Diese Ausfälle gliedern sich wie folgt:

Erlaß des Finanzamtes in Vergleichsfällen aus Billigkeitsgründen	DM 87 764,—
Echte Insolvenzverluste	DM 281 714,—
Ausfälle insgesamt	DM 369 478,—

Während der Erlaß von Steuern gemäß § 131 AO einen Verzicht des Finanzamtes auf das Vorrecht darstellt, also im Rahmen der normalen Billigkeitserlasse liegt und bei der zu beantwortenden Frage keine Berücksichtigung finden kann, denn diese Beträge hätten bei Bestehen auf dem Vorrecht realisiert werden können, muß der übrige Ausfall als „echter" Insolvenzverlust angesehen werden, der 43,0 vH der Gesamtforderungen betrug. Das ergibt eine durchschnittliche Deckungsquote von 57 vH für den Fiskus. Es stellt sich nun die Frage, wie hoch der echte Insolvenzverlust des Fiskus gewesen wäre, wenn es keine Bestimmung des § 61 Ziff. 2 KO gegeben hätte.

Diese Untersuchung konnte genau nicht angestellt werden, weil in den Unterlagen des Finanzamts nicht die Gesamtforderungen der nichtbevorrechtigten Gläubiger und die Höhe der Quote angegeben waren. Tatsache war jedoch, daß von den eingegangenen Forderungen in Höhe von 286 225,— DM ein Betrag von 153 085,— DM dinglich gesichert war. Der zusätzliche Ausfall des Finanzamts hätte maximal also nur noch den Differenzbetrag von 133 140,— DM ausmachen können, abzüglich der Quote der nichtbevorrechtigten Gläubiger mit durchschnittlich 8 vH[27], sowie der infolge der Mehrausschüttung an die nichtbevorrechtigten Gläubiger höher ausfallenden Umsatz-, Vermögen-, Einkommen- und Körperschaftsteuer.

---

[26] Unter der Verpflichtung zu völliger Verschwiegenheit und Zusicherung, keine Einzelfälle zahlenmäßig darzustellen, sondern nur die Fälle summarisch zu erfassen.

[27] Vgl. Statistik, in: KTS 1957, S. 172.

Gerade diese Mehrsteuern bei den nichtbevorrechtigten Gläubigern kompensieren einen großen Teil eines evtl. anfallenden Mehrverlustes des Fiskus. Die Umsatzsteuer beträgt bis zu 4 vH, die Vermögensteuer jährlich bis zu 1 vH, die Einkommensteuer bis zu 53 vH und die Körperschaftsteuer bis zu 51 vH des „zusätzlichen" Verlustes. Führt man danach das Beispiel weiter, so ergibt sich folgende Berechnung:

Maximaler Ausfall	DM 133 140,—
./. durchschnittliche Quote an nichtbevorrechtigte Gläubiger (8 %)	DM 10 651,—
Höchstmöglicher „zusätzlicher" Verlust	DM 122 489,—

Da die Steuerbelastung in den betreffenden Steuerarten bei den nichtbevorrechtigten Gläubigern in den 56 Verfahren nicht untersucht werden konnte, muß man diese schätzen. Sicherlich würde ein Teil des an die nichtbevorrechtigten Gläubiger auszuschüttenden „zusätzlichen" Verlustes des Fiskus nicht überall zu Steuererhöhungen führen, sei es, weil evtl. die Ansprüche nicht auf umsatzsteuerpflichtigen Lieferungen oder sonstigen Leistungen beruhen oder keine Einkünfte im Sinne des Einkommen- bzw. Körperschaftsteuerrechts darstellen oder daß die Mehrausschüttung bei einzelnen Gläubigern nur eine Verminderung des Verlustes oder Werbungskostenüberschusses ergeben[28]. Infolge der Progression bei der Einkommensteuer und der Körperschaftsteuer, soweit sie personenbezogene Kapitalgesellschaften betrifft, kann man mit einem 30- bis 40 %igen Rückfluß der Mehrausschüttungen an den Fiskus bei Umsatz-, Vermögen- und Einkommen- oder Körperschaftsteuer rechnen, so daß der „zusätzliche" Ausfall im Beispielfalle bei einem angenommenen durchschnittlichen Rückfluß von 35 vH sich wie folgt errechnet:

höchstmöglicher „zusätzlicher" Verlust	DM 122 489,—
./. Rückfluß durch die Steuern der durch die Mehrausschüttung Begünstigten	DM 42 871,—
„zusätzlicher" Verlust	DM 79 618,—

. Dieser „zusätzliche" Verlust entspricht 12,1 vH der Gesamtforderungen des Finanzamts. Hinsichtlich dieses Betrages muß nun die Feststellung getroffen werden, ob der „zusätzliche" Ausfall bei Wegfall des Konkursvorrechtes des Fiskus die Erzielung der öffentlichen

---

[28] Die Aufzählung kann keinen Anspruch auf Vollständigkeit erheben. Im Falle des Zusammentreffens der Mehrausschüttung mit Betriebsverlusten ergibt sich für den Fiskus allerdings die Möglichkeit einer späteren Kompensierung des zunächst entstehenden Ausfalls, da die Mehrausschüttung den Verlustvortrag mindert.

Einnahmen, die notwendig zur Erfüllung der staatlichen Aufgaben sind, gefährden kann.

Die prozentuale Höhe des „zusätzlichen" Ausfalls kann aus der angestellten Untersuchung, die wegen der großen Zahl der Verfahren und des dreijährigen Zeitraumes als typisch angesehen werden kann, mit etwa 10 bis 20 vH der Gesamtforderungen des Fiskus angenommen werden. Bestärkt wird diese Auffassung durch Untersuchungen, die Bredow und Christiansen an 202 abgeschlossenen Konkursverfahren in Hamburg anstellten, die ebenfalls in einem drei Jahre umfassenden Zeitraum anfielen[29]. Bredow und Christiansen kommen in ihrer Untersuchung auf einen „zusätzlichen" Ausfall der Vorrechtsgläubiger der zweiten und dritten Rangklasse für den Fall der Beseitigung ihrer Vorrechte von 32,6 vH ohne Berücksichtigung der Verminderung des „zusätzlichen" Ausfalls, der durch Rückfluß von Steuern der durch die Mehrausschüttung Begünstigten entsteht. Bei Annahme eines Rückflusses von 35 vH der Mehrausschüttung, wie sie der Verfasser bei seiner Untersuchung zugrundelegte, ergibt sich ein „zusätzlicher" Verlust für die betroffenen Vorrechtsgläubiger von 20,8 vH.

Da die Untersuchung von Bredow und Christiansen von einem Wegfall der Vorrechte der Ziffern 2 und 3 des § 61 KO ausgeht, der Rückfluß der Steuern auf die Mehrausschüttungen aber den Vorrechtsgläubigern nach § 61 Ziff. 2 KO im wesentlichen zugute kommt, vermindert sich der „zusätzliche" Ausfall dieser Kategorie entsprechend. Auch die Tatsache, daß Bredow und Christiansen nur Konkursverfahren untersuchten, die naturgemäß quotenärmer sind als die Vergleichsverfahren, läßt die Einbeziehung der Vergleichsverfahren bei allen Insolvenzen die Annahme eines geringeren Prozentsatzes für den durchschnittlichen „zusätzlichen" Verlust des Fiskus zu.

Eine weitere Untersuchung des Verfassers, die elf Insolvenzen betraf, die in einer Praxis eines vereidigten Buchprüfers in einem Zeitraum von etwa 5 Jahren abgewickelt wurden, führt zum gleichen Ergebnis. Der „zusätzliche" Verlust des Fiskus bei Wegfall seines Vorrechts hätte 15,3 vH betragen, wobei der Rückfluß der Steuern auf die Mehrausschüttungen nicht berücksichtigt ist. Nimmt man diesen mit 35 vH an, wie in den vorher angeführten beiden Fällen, so ergibt sich ein durchschnittlicher „zusätzlicher" Verlust des Fiskus von 10,3 vH.

Dieses Ergebnis weicht etwas nach unten von den beiden vorhergehenden Untersuchungen ab. Dies kann nicht verwunderlich sein,

---

[29] Bredow und Christiansen, Zur Frage der Reformbedürftigkeit der Konkursvorrechte, in: KTS 1959, S. 21.

wenn man bedenkt, daß von den untersuchten elf Verfahren acht Vergleichsverfahren waren, und die durchschnittliche Quote aller elf Verfahren 37,1 vH betrug.

Es kann also im Ergebnis festgehalten werden, daß beim Wegfall des Konkursvorrechtes des Fiskus dessen „zusätzlicher" Verlust im Durchschnitt 10 bis 20 vH seiner Forderungen in den Insolvenzverfahren beträgt. Um aus diesem Prozentsatz auf die Beantwortung der Frage zu kommen, ob dieser Einnahmeausfall zu einer Gefährdung der Staatsaufgaben führt, ist es notwendig, auch die absolute Größe des möglichen „zusätzlichen" Ausfalles annähernd zu ermitteln.

Dies ist wiederum nicht so einfach, da die Höhe der Forderungen des Fiskus in den einzelnen Insolvenzverfahren zwar bekannt ist, nicht aber, wie sich dieser Betrag zu den Gesamtforderungen des Fiskus im Insolvenzverfahren verhält. Denn von den gesamten Steuerforderungen wird ja nur ein sehr geringer Teil in den Insolvenzverfahren geltend gemacht.

Die gesamten Verluste aus den Insolvenzen der Jahre 1949 bis 1955 betrugen im Bundesgebiet rund 2 100 000 000 DM[30].

Das ergibt im Durchschnitt Insolvenzverluste pro Jahr von rund 300 000 000 DM[31]. Hat man nun einen Anhaltspunkt, wie die Relation der Forderungen des Fiskus zu den Gesamtforderungen ist, so kann man daraus auf den Anteil des Fiskus an den Insolvenzverlusten schließen.

Bei der Untersuchung von Bredow und Christiansen[32] betrug der Anteil der Forderungen des Fiskus an den Gesamtforderungen 5 vH. Der Anteil der nach § 61 Ziff. 2 KO bevorrechtigten Forderungen an den Gesamtforderungen hatte bei den Untersuchungen des Verfassers eine Größe von 12,7 vH. Man kann daraus schließen, daß sich der Anteil der Steuerforderungen bei Insolvenzen auf etwa 5 bis 15 vH der Gesamtforderungen beläuft.

Das sagt aber nicht, daß der Fiskus auch mit diesem Prozentsatz an den Konkurs- und Vergleichsverfahren teilgenommen habe. Als Vorrechtsgläubiger ist der Fiskus stets wesentlich besser befriedigt worden als die nichtbevorrechtigten Gläubiger. Dies ergibt sich auch aus nachstehender Übersicht der Durchschnittsquoten in den Konkursverfahren der Bundesrepublik von 1949 bis 1955[33]:

---

[30] Vgl. KTS 1957, S. 172.
[31] Die Angaben des Statistischen Bundesamtes für die Jahre 1955 bis 1957 liegen mit 360 bis 370 Millionen DM pro Jahr etwas höher.
[32] In KTS 1959, a.a.O., S. 21 ff.
[33] Vgl. KTS 1957, a.a.O., S. 172.

	Deckungsquote bevorrechtigter Gläubiger	nichtbevorrechtigter Gläubiger
1949	51,9 %	6,9 %
1950	48,7 %	11,6 %
1951	33,6 %	12,2 %
1952	58,0 %	8,2 %
1953	49,0 %	8,9 %
1954	60,8 %	9,2 %
1955	53,4 %	7,0 %

In den sieben Jahren von 1949 bis 1955 war also die Befriedigung der Forderungen des Fiskus im Durchschnitt 5- bis 6mal größer als die der nichtbevorrechtigten Gläubiger. Hieraus folgt, daß der Anteil des Fiskus an den Vergleichs- und Konkursverlusten nicht mit 5 bis 15 vH entsprechend seinem empirisch ermittelten Anteil an den Gesamtforderungen angesetzt werden kann. Es muß vielmehr wegen der 5- bis 6mal höheren durchschnittlichen Befriedigung der Vorrechtsgläubiger mit einem Ausfall von nur 1 bis 3 vH der Summe der Insolvenzverluste gerechnet werden.

Da die durchschnittlichen Insolvenzverluste der Jahre 1949 bis 1955 jährlich 300 Millionen DM betrugen, kann also der Anteil des Fiskus an den Ausfällen mit 3 bis 9 Millionen DM beziffert werden. Bei einer durchschnittlichen Befriedigung der Vorrechtsgläubiger von 50,7 vH bedeutet das, daß die Forderungen des Fiskus in Insolvenzverfahren etwa 6,0 bis 18,2 Millionen DM betragen.

Die annähernde Ermittlung dieser Größe war erforderlich, um daraus den Verlust zu ermitteln, der dem Fiskus bei einem Verzicht auf das Vorrecht zusätzlich entstehen würde.

Der Verfasser ermittelte den „zusätzlichen" Verlust mit 10 bis 20 vH der Gesamtforderungen des Fiskus in Insolvenzverfahren. Bei einem Forderungsbestand von etwa 6 bis 18,2 Millionen DM könnten dem Fiskus also zusätzliche Ausfälle von 0,6 bis 3,6 Millionen DM entstehen.

Die Frage ist nun zu beantworten, ob diese „zusätzlichen" Ausfälle für den Fiskus von 0,6 bis 3,6 Millionen DM den Staat bei der Erfüllung seiner Staatsaufgaben gefährden könnten. Bei dieser Betrachtung ist die Höhe des Finanzbedarfs mit dem Ausfall zu vergleichen. Bei einem Haushaltsvolumen des Bundes von rund 40 Milliarden DM[34]

---

[34] Der Entwurf des Haushaltsgesetzes 1960 (Bundestagsdrucksache 1400, 3. Wahlperiode) schließt in Einnahmen und Ausgaben mit 41 893 049 300 DM.

kann wohl nicht ernsthaft die Behauptung aufgestellt werden, ein zusätzlicher Ausfall von Steuern in Höhe einiger Millionen DM könne die Erfüllung der Staatsaufgaben gefährden. Dies um so mehr, als bei dem Vergleich der Ausfälle zum Haushaltsvolumen nicht nur das des Bundes, sondern auch die der Länder und Gemeinden einbezogen werden müssen. Nach den Allgemeinen Vorbemerkungen zum Entwurf des Bundeshaushalts für das Rechnungsjahr 1960 betrugen die Einnahmen im Rechnungsjahr 1959 von Bund, Ländern und Gemeinden 76 Milliarden DM, die Ausgaben sogar 76,7 Milliarden DM[35]. Gegenüber diesen Zahlen verliert ein zusätzlicher Ausfall eines Betrages bis zu 3,6 Millionen DM alle Bedeutung. In Prozent der Ausgaben von Bund, Ländern und Gemeinden 1959 ausgedrückt, sind 3,6 Millionen DM nur 0,0005 vH.

Bei der Aufstellung des Haushaltsplanes ist bei Wahrung des Grundsatzes der Genauigkeit der Ansätze dennoch eine vorsichtige Einnahmeschätzung und eine etwas überhöhte Ausgabenschätzung angebracht. Diese Spanne deckt in normalen Zeiten die Ausfälle, die durch Insolvenzen entstehen würden. Im übrigen weist der Haushaltsplan der Bundesrepublik jeweils einen Ansatz „Minderertrag an Steuern" aus. Diese Position, die im Titel 6001 steht, hatte 1956 eine Höhe von 950 Millionen DM. Hier ist also hinsichtlich etwaiger Mehrausfälle infolge von Insolvenzen Vorsorge getroffen, daß die Erfüllung der Staatsaufgaben nicht gefährdet werden kann. Der Wegfall des Konkursvorrechts würde also für die Haushalte keine Schwierigkeiten heraufbeschwören, da ja stets „mit einem gewissen Verlustkoeffizienten gerechnet werden soll"[36].

Es ergibt sich also die Situation, daß die Frage, ob das Konkursvorrecht als Maßnahme zur Sicherung der Haushaltseinnahmen notwendig ist, für die frühere Zeit kaum von Bedeutung war, weil infolge der niedrigen Steuersätze sowohl die Quoten der nichtbevorrechtigten Gläubiger kaum wesentlich geringer waren, als wenn das Vorrecht nicht bestanden hätte, als auch im Falle der Beseitigung des Vorrechts der Staat diese geringen Ausfälle leicht hätte tragen können. In der heutigen Zeit mit stark gestiegenen Steuersätzen ist die Auswirkung für die nichtbevorrechtigten Gläubiger von großer Bedeutung, für den Staat aber besteht infolge des ebenfalls stark anwachsenden Budgets keine Gefahr, daß die Mehrausfälle bei Wegfall des Konkursvorrechts zu einer bedeutsamen Einengung der Staatstätigkeit führen würden.

---

[35] Bundesratsdrucksache 1400, 3. Wahlperiode, S. 23.
[36] György, E., Steuerforderungen im Konkurse, Konkurs- und Treuhandwesen 1927, S. 105.

3. Die Sicherung der begründeten oder entstandenen noch nicht fälligen Ansprüche des Fiskus durch das Konkursvorrecht

Wie schon im ersten Hauptteil dieser Arbeit ausgeführt, fallen bei den einzelnen Steuerarten die Begründung, Entstehung und Fälligkeit der Steuerschulden auseinander.

Für diesen Zeitraum, der zwischen der Begründung der Steuerforderung und deren Fälligkeitstermin liegt, hat der Steuergläubiger keine Handhabe, den Eingang seiner Forderung sicherzustellen. Vor der Entstehung ist die Forderung noch nicht einmal existent, kann also erst recht nicht Gegenstand von Erörterungen zur Sicherung ihres Eingangs sein.

Schon zur Zeit der Entstehung der Konkursordnung tauchte das Problem der Sicherstellung dieser Beträge für den Fiskus auf. Man erkannte, daß hier die auf den Steuergesetzen beruhende Kreditierung der Ansprüche des Staates dazu führen könne, daß die Forderungen bis zu ihrer Fälligkeit keine Deckung mehr haben. Der gesetzlich bedingte zeitliche Zwischenraum zwischen Begründung oder Entstehung der Forderungen und deren Fälligkeit brachte dem Steuergläubiger das Risiko des Ausfalls seiner Forderungen infolge von Umständen, die nach der Begründung oder Entstehung, aber vor der Fälligkeit lagen.

Es lag nahe, diese Unsicherheit durch die Beibehaltung des Konkursvorrechts zu beseitigen. Auf diese Weise konnte der gesetzlich fundierte Steuerkredit bestehen bleiben, und der Eingang der Forderungen war dennoch weitgehend gesichert.

Die Zeit der Entstehung der Konkursordnung kannte diese Fälle gesetzlichen Steuerkredits vorwiegend bei den sogenannten indirekten Steuern. Als Beispiel sei die Tabakanbausteuer genannt, die aufgrund des § 5 des Zollvereinsgesetzes vom 26. Mai 1868 mit der Feststellung des Steuerbetrages im August entstand, aber erst zur Hälfte im Dezember, zur andern Hälfte im April des folgendes Jahres zu entrichten war. Als weitere Beispiele führen die Motive zur Konkursordnung die Maischsteuer und die Rübenzuckersteuer an[37].

Im Hinblick auf die gesetzliche Notwendigkeit, die auf den tatsächlichen Bedürfnissen des Verkehrs beruhe, sei die Bevorzugung solcher Rückstände sowohl für die Staatsverwaltung als für den öffentlichen Verkehr notwendig[38]. Diese Notwendigkeit ist bei der Situation der damaligen Zeit ohne weiteres einleuchtend. Die gesetzlichen Steuerkredite hatten eine Laufzeit bis zu acht Monaten, so daß die Fassung des Konkursvorrechts in § 61 Ziff. 2 KO dem Fiskus eine ausreichende

---

[37] Motive II, a.a.O., S. 239.
[38] Motive II, a.a.O., S. 239.

Sicherheit bot. Soweit es sich auf solche Steuerforderungen erstreckte, konnten auch die nicht bevorrechtigten Gläubiger keine Bedenken dagegen haben, da der Steueranspruch ohne Zutun des Schuldners begründet wurde und entstand, und insofern die Masse nicht mehr schmälerte als zum Beispiel gesetzliche Pfandrechte.

Die Frage, die auch hier nun zu stellen ist, ist die, ob sich aus derlei Gesichtspunkten auch heute noch das Konkursvorrecht rechtfertigen läßt. Es ist notwendig zu untersuchen, in welchem Umfange und bei welchen Steuerarten derlei gesetzliche Steuerkredite anfallen können.

Die Neuordnung des Steuerrechts in den Jahren nach dem ersten Weltkriege hat in dieser Frage eine Änderung herbeigeführt. Das System der Erhebung von Vorauszahlungen auf die wichtigsten anfallenden Steuern hat wesentlich dazu beigetragen, die Forderungen des Fiskus, die auf gesetzlichem, in der Erhebungstechnik begründeten Kredit beruhen, einzuschränken.

So ist zwischen Entstehung und Fälligkeit der Einkommen- und Körperschaftsteuer ein Zwischenraum hinsichtlich der Vorauszahlungen von zehn Tagen und hinsichtlich der Vornahme von Steuerabzügen im Normalfalle von höchstens einem Monat und zehn Tagen. Nur bezüglich der Abschlußzahlungen entsteht die Steuer nach Ablauf des Kalenderjahres, während die Fälligkeit erst einen Monat nach Bekanntgabe des Bescheides eintritt.

Bei der Gewerbesteuer liegt der Fall ähnlich, nur daß hier die Differenz zwischen Entstehung der Forderungen und deren Fälligkeit hinsichtlich der Vorauszahlungen jeweils 1$^1/_2$ Monate beträgt, während die Regelung für die Abschlußzahlung der der Einkommensteuer gleichkommt.

Etwas länger sind die Zwischenräume zwischen Entstehung und Fälligkeit von Vermögensteuer und Grundsteuer, wo die Forderung des Steuergläubigers am Beginn des Kalenderjahres entsteht, die Vorauszahlungen aber in über das ganze Jahr verteilten Raten fällig werden und eine evtl. Nachzahlung oder Abschlußzahlung erst einen Monat nach Bekanntgabe des Bescheides.

Die gesetzliche Kreditierung der Umsatzsteuer beträgt im Normalfalle bis zu einem Monat und zehn Tagen hinsichtlich der Vorauszahlungen[39]. Hinsichtlich der Abschlußzahlungen tritt die Fälligkeit ebenfalls erst einen Monat nach Bekanntgabe des Bescheides ein.

Die geschilderten Steuerarten, die das größte Aufkommen haben, und insofern bei dieser Betrachtung am wichtigsten sind, haben also

---

[39] Nach dem Erlaß des Bundesministers für Finanzen vom 27. Oktober 1960 (IV A/2 — S. 4230 — 22/60; BStBl. 1960 I S. 674) wird von Säumnisfolgen generell abgesehen, wenn die Umsatzsteuerbeträge der Vorauszahlungen bis zum 15. des folgenden Monats entrichtet werden.

alle infolge der Erhebung der Vorauszahlungen eine wesentliche Verringerung der Steuerbeträge erzielt, die dem Steuerpflichtigen längere Zeit, nämlich bis einen Monat nach Bekanntgabe des Steuerbescheids kreditiert werden müssen. Bei allen anderen Steuerarten, die untersucht wurden, ist der Zeitraum kürzer, wenn man von der Beförderungsteuer absieht oder der im Abrechnungsverfahren zu entrichtenden Börsenumsatzsteuer und Versicherungsteuer, die ebenfalls Abschlußzahlungen kennen, für die aber auch feste Termine festgelegt sind.

Bei den relativ geringen Zeitspannen hinsichtlich der Vorauszahlungen verliert das Problem insoweit an Bedeutung. Die in Frage stehenden Steuerbeträge können nicht so erheblich sein, daß sie im Rahmen des Insolvenzverfahrens größere Beachtung verdienten.

Anders ist dies bei den Abschlußzahlungen und den Nachsteuern, die sich aufgrund von Berichtigungsveranlagungen infolge Betriebs- oder Fahndungsprüfungen ergeben. Während aufgrund der Jahreserklärungen oft erst zwei Jahre nach Entstehung der Steuerforderungen die Abschlußzahlungen bekannt werden, ist die Zeitspanne von Nachsteuern wegen Berichtigungsveranlagungen oft noch wesentlich länger, wobei fünf Jahre keine Seltenheit sind.

Hier ist also eine echte Besorgnis der Finanzverwaltung nicht abzustreiten, der keine Möglichkeit gegeben ist, die entstandenen Steuern zu sichern, da die Fälligkeit nicht gegeben ist. Andererseits hängt aber in diesen Fällen der Zeitpunkt der Fälligkeit von der Finanzverwaltung ab. Je näher die Veranlagung am Entstehungstage der Steuerforderung liegt, um so kürzer ist die Zeitspanne des gesetzlichen Kredits. Dies trifft ebenso für die Berichtigungsveranlagungen zu. Je eher die Prüfungen durchgeführt werden, um so näher liegt die Fälligkeit der Nachsteuern am Entstehungszeitpunkt.

Würde die Finanzverwaltung die in dem § 167 der Reichsabgabenordnung enthaltenen Fristen für die Abgabe der Erklärungen für Einkommensteuer, Körperschaftsteuer, Gewerbesteuer und Umsatzsteuer einhalten können, so wäre sie ab März jeden Jahres in der Lage, die Veranlagungen durchzuführen. Auch die Einhaltung der im § 162 Abs. 10 AO erwähnten Betriebsprüfungen bei Großbetrieben im dreijährigen Turnus würde die Zeit gesetzlicher Kreditierung von Nachsteuern infolge Berichtigungsveranlagungen verkürzen. Die heutige Veranlagungspraxis ist von diesen Fristen weit entfernt. In diesem Zusammenhang sind die neuesten Bestrebungen, die Erklärungsfrist auf Ende Mai festzulegen, von Interesse. Neben der betragsmäßig nicht so bedeutenden gesetzlichen Kreditierung der Vorauszahlungen bleibt es vorerst also dabei, daß die gesetzliche Kreditierung von

Steuerbeträgen, die aus Abschlußzahlungen resultieren, eine beachtliche Höhe erreicht.

Für diese Beträge hat der Fiskus ein Schutzbedürfnis. Ob dies aber seine Sicherstellung durch das Konkursvorrecht rechtfertigt, erscheint zweifelhaft, weil es im eigenen Interesse des Fiskus liegt, die Zeit des gesetzlichen Kredits hinsichtlich der Abschlußzahlungen und Nachzahlungen aufgrund von Berichtigungsveranlagungen wesentlich abzukürzen. Ansonsten entstünde ja der paradoxe Fall, daß die Forderungen des Fiskus im Insolvenzverfahren um so gesicherter sind, je später die Steuergläubiger die Veranlagungen vornehmen und damit die Fälligkeit festlegen. Obwohl nicht unterstellt werden kann, wie die Untersuchungen ergaben, daß bisher die Finanzbehörden bei dubiosen Steuerpflichtigen diese Verzögerung bewußt angewandt hätten, um mit der späteren Fixierung des Fälligkeitstermins das Vorrecht zu retten, so hat sich dieses Ergebnis in einer Reihe von untersuchten Fällen ergeben[40].

Das also zur Zeit der Einführung der Konkursordnung berechtigte Argument für das fiskalische Vorrecht hat auch heute noch eine gewisse Bedeutung, soweit nämlich das Verschulden an der Ausdehnung des gesetzlichen Kredits nicht den Fiskus trifft, ansonsten kann es nur bedingt anerkannt werden. Klare zeitliche Abgrenzungen sind das Erfordernis einer Berücksichtigung dieser Tatsache.

4. Das Erfordernis besonderer Sicherstellung notwendiger Steuerkredite

Hagens hat in den Motiven II kurz und bündig festgestellt, daß für „kreditierte, indirekte oder direkte Steuern ein Vorrecht vom fiskalischen Standpunkte nicht geboten ist". Er stellt fest, daß das Konkursvorrecht in diesen Fällen nur besteht, damit man den Steuerpflichtigen und damit mittelbar zum Vorteil ihrer Gläubiger „in Anerkennung der Verkehrsbedürfnisse" Kredite gewähren konnte[41]. Es würde selbst in ruhigen Zeiten dem allgemeinen Interesse nicht dienlich sein, wenn diese Kredite wegfielen. In Zeiten allgemeiner Geschäftsstockung habe der Fiskus den Kredit nicht so sehr im eigenen Interesse, sondern im Interesse des öffentlichen Wohls zu bewilligen.

Es ist seit der Verabschiedung der Konkursordnung stets Argument der Anhänger des Konkursvorrechts gewesen, der Fiskus könne keine Stundungen mehr aussprechen, wenn das Konkursvorrecht wegfiele

---
[40] Einen solchen Fall schildert auch die Zeitschrift Konkurs- und Treuhandwesen 1933, S. 139 ff.
[41] Motive II, a.a.O., S. 240.

bzw. eingeengt werde[42]. Diese Kredite lägen aber nicht im Interesse der Steuergläubiger, sondern der Steuerschuldner.

In wessen Interesse die Gewährung der Steuerkredite liegt, muß selbst nach den Worten der Befürworter des Konkursvorrechts umstritten bleiben. Hagens sagt in den Motiven, daß in Zeiten der Krise die Kredite im Interesse des öffentlichen Wohls zu bewilligen seien[43]. Hier stellt er also im Widerspruch zu vorhergehenden Ausführungen fest, daß diese Kredite auch durchaus im Interesse des Staates gewährt werden können, und zwar als konjunkturpolitische Maßnahme. Wenn aber die Kreditgewährung beiden dient oder dienen soll, dem Steuergläubiger und dem Steuerschuldner, ist es einseitig, die Beibehaltung des Konkursvorrechts zu verlangen, weil die Bewilligung der Kredite im Interesse der Steuerschuldner läge.

Der Staat verfolgt nach der Ansicht von Hagens mit der Kreditgewährung konjunkturpolitische Ziele. Es ist nun zu prüfen, ob diese Ziele eines besonderen Schutzes der in ihrer Verfolgung gewährten Kredite bedürfen. Das kann sicher bejaht werden, denn im modernen Staat gehört eine aktive Konjunkturpolitik zu den vordergründigen Staatsaufgaben.

Die Frage ist aber nur von theoretischer Bedeutung. Seit Einführung der Reichsabgabenordnung nach dem 1. Weltkriege sind Stundungen, Aussetzung der Vollziehung und Aussetzung der Vollstreckung an das Vorliegen objektiv nachprüfbarer sachlicher oder persönlicher Voraussetzungen im Einzelfall gebunden[44]. Allgemeine wirtschaftspolitische Überlegungen können zwar die Steuergesetzgebung teilweise beeinflussen[45], haben aber auf die Einziehung der Steuerforderungen keine Auswirkung. Zudem ist die moderne Konjunkturtheorie darüber einig, daß der Zeitpunkt des Eingriffs in den Konjunkturablauf zweckmäßigerweise im Aufschwung erfolgen solle[46]. Eine verstärkte Gewährung von Steuerkrediten in der Krise würde also auch nach den heutigen konjunkturtheoretischen Erkenntnissen nicht so wirksam sein.

---

[42] In dem Verfahren vor dem Reichsgericht, in dem es um die Frage ging, ob die „erste" Fälligkeit maßgebend für die Berechnung der Frist des § 61 Ziff. 2 KO sei, hatte z. B. der Reichsminister der Finanzen eingewandt, die Finanzbehörden würden dann einfach keine Stundungen mehr bewilligen, wenn die Frage bejaht werde (vgl. RG-Urteil vom 18. März 1927, RStBl. 1927, S. 129).

[43] Motive II, a.a.O., S. 240.

[44] z. B. bei der Stundung gemäß § 127 AO, daß eine erhebliche Härte für den Steuerpflichtigen mit der Einziehung der Steuerschuld verbunden ist, bei der Aussetzung der Vollziehung gemäß § 251 AO, daß ein eingelegtes Rechtsmittel die Möglichkeit des Erfolges in sich birgt (BFH-Urteil vom 10. September 1954, BStBl. 1954 III, S. 328).

[45] Hier sei auf den Versuch der Konjunkturdämpfung auf dem Wege der Beseitigung von Steuervergünstigungen hingewiesen, der durch Beschluß des Bundeskabinetts vom 9. März 1960 bekannt wurde.

[46] Schmölders, G., Finanzpolitik, a.a.O., S. 265.

So bleibt also hier nur noch die Frage, ob die Beibehaltung des Konkursvorrechts notwendig ist, damit der Fiskus weiterhin Steuerkredite bewilligen kann, die dann jeweils dem einzelnen Steuerschuldner zugute kommen. Dieses Problem ist gerade in der heutigen Zeit besonders aktuell. Die Folge der Kriegsereignisse war eine starke Herabsetzung der Belastungsfähigkeit der Steuerpflichtigen. Demgegenüber wurde die Belastungsgrenze der Individuen infolge des hohen Staatsbedarfs fast erreicht; die hohen Steuersätze brachten dies anschaulich zum Ausdruck. Hinzu trat der hohe Investitionsbedarf. Dies alles waren Gründe für die allerseits zu verzeichnende ungenügende Liquidität der Steuerschuldner. Diese Entwicklung ist noch nicht abgeschlossen, die Liquiditätsschwierigkeiten sind noch nicht überwunden.

Hier haben die Finanzbehörden die außerordentlich ernste Pflicht, durch eingehende Untersuchung und Würdigung der Einzelverhältnisse bei Anwendung wirtschaftlichen und menschlichen Verständnisses darauf zu achten, daß die Lebens- und Arbeitsgrundlage des einzelnen erhalten bleibt, und dadurch die Wirtschaft nicht in ihrer Grundlage erschüttert wird[47].

Dies aber sind Überlegungen, die von den Finanzbehörden anzustellen sind, ohne Rücksicht darauf, ob die von ihnen eingeräumten Kredite durch das Konkursvorrecht des § 61 Ziff. 2 KO besonderen Schutz genießen oder nicht. Der am häufigsten vorkommende Fall des Steuerkredits, die Stundung gemäß § 127 AO, erfolgt dann, wenn die Voraussetzung der „erheblichen Härte für den Steuerpflichtigen" gegeben ist. Hier hat die Verwaltung eine Ermessensentscheidung zu treffen, die unabhängig von den Bestimmungen des § 61 Ziff. 2 KO vorzunehmen ist.

Nach dem Wortlaut des § 127 AO soll die Stundung in der Regel nur gegen Sicherheitsleistung erfolgen. Aber auch dies ist in das Ermessen der Verwaltung gestellt. Bei der in der Nachkriegszeit infolge des Kapitalmangels in verstärktem Maße notwendigen Fremdkapitalfinanzierung können Sicherheiten heute auch nur selten erbracht werden. Der Finanzverwaltung sollte daher die Beurteilung des Steuerpflichtigen und seiner persönlichen Qualitäten genügende Grundlage eines Personalkredits sein. Hier wird also zu Recht an die Finanzverwaltung das Ansinnen gestellt, Steuerkredite nur nach eingehender Prüfung zu bewilligen. Dann ist aber die Beibehaltung des fiskalischen Konkursvorrechts nicht mehr erforderlich, denn in den Zweifelsfällen muß die Verwaltung dann im Einzelfalle tatsächlich Sicherheiten verlangen. Die Stundung von Steuerforderungen von der Beibehaltung des Konkursvorrechts abhängig zu machen, trifft also nicht den Kernpunkt des Problems und widerspricht auch den Bestimmungen der

---

[47] Knorr, E., Liquiditätsschwierigkeiten und Steuerrecht, a.a.O., S. 186/187.

Abgabenordnung[48]. Lediglich die Stundungspraxis der Finanzbehörden dürfte etwas schärfer werden[49]. Das aber muß nicht von Nachteil für die Wirtschaft sein, weil bei oberflächlicher Prüfung der Stundungsanträge sicherlich auch strukturell ungesunden Betrieben geholfen würde, wodurch sich der Ausscheidungsprozeß zuungunsten der dann noch liefernden nichtbevorrechtigten Gläubiger nur verzögerte.

Daß die Finanzverwaltung selbst es nicht bei ihrem Vorrecht gemäß § 61 Ziff. 2 KO bewenden läßt, ist überall bekannt. In den meisten Insolvenzfällen, die der Verfasser untersuchte, waren den Steuergläubigern dingliche Sicherheiten gewährt. Jaeger weist sogar darauf hin, daß „in einer Reihe von Fällen die Gerichte schon veranlaßt waren, Knebelungen von Abgabeschuldnern durch den Fiskus für sittenwidrig und nichtig zu erklären"[50].

So kann also festgehalten werden, daß die für die Zeit der Einführung der Konkursordnung gegebene Begründung des Konkursvorrechts des Fiskus mit den konjunkturpolitischen Zielsetzungen der Steuerkredite des Staates gerechtfertigt ist. Da man heute von der Wirksamkeit derlei Maßnahmen nicht mehr überzeugt sein kann, sondern es sich um persönliche Kredite der einzelnen Steuerpflichtigen handelt, über die die Verwaltung in Form einer Ermessensentscheidung nach eingehender Prüfung verfügt, ob sie als Personalkredit oder gegen Sicherheiten gegeben werden, bedarf es des Konkursvorrechts des § 61 Ziff. 2 KO deswegen nicht mehr. Die Finanzverwaltung hat notwendigenfalls genügend andere Sicherungsmöglichkeiten.

5. Der Zwangscharakter der Gläubigerstellung des Fiskus

Für die Beibehaltung des Konkursvorrechts des Fiskus spricht auch die Tatsache, daß die Gläubigerstellung, die der Fiskus gegenüber dem Gemeinschuldner einnimmt, gesetzlich begründet wurde und nicht freiwillig entstand. Im Gegensatz zum normalen Gläubiger, auf dessen freiwilliger Entscheidung die Gläubigerstellung beruht, wird der Fiskus Gläubiger aufgrund der gesetzlich fixierten Entstehung von Steuerforderungen.

---

[48] Der Reichsminister der Finanzen hatte in dem Verfahren, in dem die Maßgeblichkeit der 1. Fälligkeit für die Einjahresfrist nach § 61 Ziff. 2 KO festgestellt wurde, erklärt, die Finanzbehörden würden dann keine Stundungen mehr bewilligen. Dazu hat das Reichsgericht ausgeführt, daß der Steuerfiskus wegen aller seiner Forderungen die weitestgehenden Sicherungsmöglichkeiten habe, also auf das Vorrecht gar nicht angewiesen sei (RG-Urteil vom 18. März 1927; RStBl. 1927, S. 129).

[49] Andererseits wird der Fiskus die Möglichkeit einer Hilfe des Steuerschuldners aber auch in Erwägung ziehen, um nicht leichtfertig Steuerzahler der Zukunft zu beseitigen.

[50] Jaeger, E., Lehrbuch des Deutschen Konkursrechts, a.a.O., S. 65.

Im einzelnen dürfte es den Finanzbehörden jeweils sogar zunächst unbekannt sein, ob und in welcher Höhe Steueransprüche entstehen, der Fiskus also Gläubiger des einzelnen Steuerpflichtigen geworden ist. Dies ergibt sich erst im Veranlagungsverfahren aufgrund der Steuererklärung des Pflichtigen oder im Zuge von Ermittlungshandlungen der Finanzbehörden.

Wenn nun aber der Gläubiger aufgrund gesetzlicher Vorschriften überhaupt seinen Anspruch erhält, dessen Höhe erst nach Vornahme gewisser ebenfalls gesetzlich vorgezeichneter Ermittlungshandlungen festgesetzt wird und dann dem Schuldner wiederum noch gesetzliche Zahlungsfristen eingeräumt werden, so muß man ihm aber auch einen besonderen gesetzlichen Schutz einräumen.

Offen bleibt dabei nur die Frage, wie weit dieser Schutz gehen sollte. Denn das Schutzbedürfnis besteht ja nur so lange, wie der Gläubiger nicht in der Lage ist, seinen Anspruch zu realisieren. Nach diesem Zeitpunkt nimmt der Fiskus als Gläubiger die gleiche Rechtsstellung ein, wie jeder andere Gläubiger auch. Nach Fälligkeit von Steueransprüchen kann also aus der gesetzlichen Gläubigerstellung des Fiskus kein Schutzbedürfnis mehr abgeleitet werden.

Der Schutz muß sich demgemäß auf die Zeit beschränken, in der die Gläubigerstellung des Fiskus feststeht, die Fälligkeit seiner Ansprüche aber noch nicht eingetreten ist. Damit steht man aber vor dem schon behandelten Problem, wie der Fiskus für die begründeten oder entstandenen Forderungen, die noch nicht fällig sind, sichergestellt werden soll. Wie bereits ausgeführt[51], sind klare zeitliche Abgrenzungen hierbei ein wesentliches Erfordernis. Auf deren Dauer wird bei den Lösungsvorschlägen des Verfassers eingegangen werden.

Festgehalten werden kann also, daß aus der Gläubigerstellung des Fiskus, die gesetzlich begründet ist, nur insoweit ein Schutzbedürfnis des Fiskus abgeleitet werden kann, als er durch spätere Fälligkeit seiner Forderungen schlechter gestellt ist als die übrigen Gläubiger. Eine weitergehende Sicherstellung ist aus diesem Gesichtspunkt nicht zu vertreten.

6. Die Überlastung der Finanzbehörden

Die Notwendigkeit des Konkursvorrechts wird heute oft damit begründet, daß die Finanzbehörden zu stark überlastet seien und insofern ihr Augenmerk nicht so auf die wirtschaftliche Entwicklung der Steuerschuldner richten könnten, daß Steuerrückstände vermieden würden. Auch werde die Veranlagungsarbeit einmal durch späten Erlaß notwendiger Rechtsverordnungen als auch durch höchstrichter-

---
[51] Vgl. Abschnitt c des Ersten Kapitels im Dritten Teil dieser Arbeit.

liche Urteile ständig verzögert. Die ungenügende Besetzung der Betriebsprüfungsstellen erlaube keine Prüfungen im gesetzlich vorgesehenen Turnus. Ein Wegfall des Konkursvorrechts des Fiskus werde also zu erheblichen Ausfällen führen, die nur in der Überlastung der Finanzverwaltung begründet sei.

Dem muß entgegengestellt werden, daß die Ausfälle des Fiskus, wie die Untersuchungen des Verfassers ergaben[52], kaum bei Wegfall des Konkursvorrechts ins Gewicht fallen. Ganz abgesehen davon kann aber die Beibehaltung des Konkursvorrechts des Fiskus nicht mit der Überlastung der Finanzverwaltung begründet werden. Damit würde die Rechtssicherheit im gesamten Wirtschaftsleben stark gefährdet. Der Staat hat die Aufgabe, entsprechend den Gesetzen die Steuern zu erheben. Ungebührliche Verzögerungen dürfen dabei nicht zu Lasten der Bürger gehen. So sehr die Überlastung der Finanzverwaltung anerkannt werden muß, um so energischer muß die Forderung an den Staat gerichtet werden, diese Verwaltung personalmäßig so auszustatten, daß die gesetzlichen Bestimmungen eingehalten werden können und nicht neue gesetzliche Schutzverfügungen notwendig werden, die lediglich die Interessen der Individuen beeinträchtigen.

Zweites Kapitel

Die Kritik am Konkursvorrecht des Fiskus

Vorbemerkung:
Die Gefährdung des Konkurses als Institution

Wie schon aus dem Ursprung der Bezeichnung „Konkurs" ersichtlich, handelt es sich bei einem solchen um „das Zusammenströmen" der Gläubiger zwecks gemeinsamen Vorgehens gegen den Gemeinschuldner. Die Unzuträglichkeiten, die sich ohne die Möglichkeit des Konkurses unter den Gläubigern ergeben, wurden durch die rechtliche Instituierung des Konkursverfahrens gebannt. Hier handelt es sich um ein Verfahren, dem als Grundgedanke zugrundeliegt, daß die Befriedigung der Gläubiger am Vermögen des Schuldners gleichmäßig erfolgen müsse, unter Aufhebung der Verfügungsmacht des Schuldners und unter Beschränkung des rechtlichen Vorgehens der Gläubiger gegen den Schuldner auf das Konkursverfahren.

Das Konkursverfahren soll also den Gläubigern eine gleichmäßige Befriedigung sichern[53]. Daneben wird als Zweck des Verfahrens auch

---

[52] Vgl. Abschnitt b des Ersten Kapitels des Dritten Teils dieser Arbeit.
[53] Statistisches Reichsamt: Vierteljahreshefte der Statistik des Deutschen Reiches, Jg. 1913, Heft 3, S. 1: „Der Konkurs ist das Zusammengehen der

angeführt, daß untaugliche Wirtschaftselemente ausgetilgt werden sollen[54].

Während dieser letztere Zweck durch das Konkursvorrecht des Fiskus unangetastet bleibt, haben Kritiker des fiskalischen Konkursvorrechts eine Gefährdung des Konkurses als Institution hinsichtlich des erstgenannten Zweckes vorausgesagt[55]. Der Grundsatz der gleichmäßigen Befriedigung aller Gläubiger wird durch die Vorrechte des § 61 KO durchbrochen.

Solange die Beträge, die dadurch vorab einzelnen Gläubigern zufließen, sich betragsmäßig bei den anderen Gläubigern nur unwesentlich auswirken, kann dies hingenommen werden. Werden die mit Vorrechten ausgestatteten Forderungen aber so hoch, daß dadurch die nicht bevorrechtigten Gläubiger in ihren Quoten sehr stark beeinträchtigt werden, oder gar überhaupt keine Quote erhalten, kann man eine Gefahr schon erblicken. Der Gesetzgeber hat dennoch bisher keine Änderung des gesetzlichen Zustandes vorgenommen[56].

Zur Zeit der Einführung der Konkursordnung war, wie bereits angeführt, die steuerliche Belastung der einzelnen nur gering. Die Benachteiligung, die die nicht bevorrechtigten Gläubiger in der damaligen Zeit wegen des Konkursvorrechts des Fiskus erfahren mußten, war tragbar und spielte im Rahmen der Gesamtbefriedigung der Gläubiger nur eine untergeordnete Rolle[57]. Dies änderte sich mit der Erhöhung der Steuersätze nach dem ersten Weltkriege, dann besonders nach dem zweiten Weltkriege und erst recht seit der Einführung des besonderen Konkursvorrechts der Lastenausgleichsabgaben. Die Untersuchungen des Verfassers ergaben, daß der Anteil des Fiskus an den Gesamtforderungen im Insolvenzverfahren heute durchschnittlich 5 bis 15 vH beträgt[58]. Derartige Anteile beanspruchen aber heute bei einem großen

---

Gläubiger ein- und desselben zahlungsunfähig gewordenen Schuldners, des sogenannten Gemeinschuldners, zwecks gleichmäßiger Verteilung seines zu Geld gemachten Vermögens unter die Gläubiger."

[54] Scholz, H., Der Konkurs vom betriebswirtschaftlichen Standpunkt, Frankfurt am Main 1934, S. 2.

[55] Flume, W., Die Abzugsfähigkeit der Vermögensabgabe bei der Einkommen- und Körperschaftsteuer, in: Betrieb 1952, S. 977.

[56] Hierzu: Schönke-Baur, Zwangsvollstreckungsrecht und Konkursrecht, 6. Aufl., Karlsruhe 1956, S. 230: „Man erlebt auch hier das Schauspiel, daß der Staat eine von ihm selbst aus wohlerwogenen Gründen geschaffene Einrichtung aus fiskalischen Erwägungen entwertet."

[57] Knorr, E., Liquiditätsschwierigkeiten und Steuerrecht, a.a.O., S. 183: „... weil die Väter der Konkursordnung bei der Abfassung des § 61 mit Recht von den damaligen Verhältnissen ausgingen, in denen Steuerrückstände ganz allgemein nur eine geringe, für die gesamte Schuldenmasse unbedeutende Höhe hatten."

[58] Vgl. Abschnitt b des Ersten Kapitels im Dritten Teil.

70 Grundsätzliche Kritik am Konkursvorrecht der öffentl. Abgaben

Teil der Insolvenzen die gesamte Masse[59]. Eine derartige Bevorrechtigung des Fiskus war aber vom Gesetzgeber dem Fiskus nicht zugedacht, denn die Väter der Konkursordnung wußten trotz gewisser hoheitsstaatlicher Tendenzen wohl zu unterscheiden zwischen den für die von ihnen geschaffene Institution tragbaren Durchbrechungen des Grundsatzes der Gleichbehandlung der Gläubiger und denen, die das Konkursverfahren als Institution gefährdeten. Dies geht schon eindeutig aus den Beratungen der Begutachtungskommission und der Kommission der zweiten Kammer hervor, als es um die Einführung der preußischen Konkursordnung von 1855 ging. Hier wurden nämlich schon Bedenken laut, die den Fall betrafen, daß der Fiskus erhebliche Summen im Konkursverfahren bevorrechtigt forderte. Diese Ansprüche sollten daher stets in einem angemessenen Rahmen bleiben, um das Konkursverfahren nicht als Institution zu entwerten[60].

Ob eine Gefährdung des Konkurses als Institution eingetreten ist, läßt sich aber nur anhand der Konkurseröffnungen ablesen. Eine Gefährdung würde ja nur eintreten, wenn die Gläubiger immer weniger von dieser Institution Gebrauch machen würden, weil sie mit Rücksicht auf die erwarteten bevorrechtigten Forderungen sich keine Aussicht auf Befriedigung mit irgend einer nennenswerten Quote versprechen. Das ist aber nicht der Fall.

Eine Verminderung der Verfahren, weil sich die Gläubiger vom Konkursverfahren keine Befriedigung wegen des fiskalischen Vorrechts versprechen, konnte nirgends festgestellt werden. Die Bedenken der Kritiker in diesem Punkte können nicht geteilt werden, weil die Erfahrung dem nicht entspricht, denn die Gläubiger verzichten nicht ohne weiteres auf eine Befriedigung und wäre sie noch so gering[61]. Auch können die Gläubiger keine Rücksicht auf bestehende bevorrechtigte Forderungen nehmen, weil ihnen deren Höhe vor Eröffnung des Verfahrens kaum bekannt wird.

So kann zur Kritik am fiskalischen Vorrecht, es gefährde den Konkurs als Institution, festgehalten werden, daß diese Gefahr heute

---

[59] Bei den von Bredow und Christiansen, a.a.O., untersuchten 202 Konkursen erbrachten nur 104 eine Quote für die nicht bevorrechtigten Gläubiger.

[60] Aus dem Bericht der Kommission der zweiten Kammer, zitiert bei Goldammer, Kommentar und vollständige Materialien zur Konkursordnung vom 8. Mai 1855, a.a.O., S. 181: „... es kann sich also ereignen, daß bei einem ausgebrochenen Konkurse der Fiskus eine sehr erhebliche Summe solcher gestundeten indirekten Steuern nach § 73 allen anderen Gläubigern vorwegnimmt. Die Kommission erachtet es daher für wünschenswert, daß, wenn auch der Fiskus nicht auf das ihm nach § 73 eingeräumte Vorrecht für den oben gedachten Fall verzichtet, doch nur ein kürzerer als zweijähriger Rückstand privilegiert wird, und will diesen Punkt der Staatsregierung zur Erwägung stellen."

[61] Es kommt hinzu, daß in vielen Fällen der Gemeinschuldner den Antrag auf Konkurseröffnung selbst stellt (§ 130 II KO).

noch nicht gegeben ist. Sollte aber die Steuerbelastung eine weitere Steigerung erfahren, so daß sich die Befriedigungsaussichten der Gläubiger weiter verringern, so könnte die Gefährdung akut werden Im Moment scheint dieser Zeitpunkt noch nicht gegeben.

1. Die Kritik aus rechtssystematischer Sicht

a) Die Erhebung von Vorauszahlungen

Seit dem ersten Weltkriege wird die Beibehaltung des Konkursvorrechts des Fiskus auch mit der Begründung angegriffen, nach Einführung der Steuervorauszahlungen bei den großen und ergiebigen Steuern sei das Konkursvorrecht des Fiskus nicht mehr erforderlich. Tatsache ist, daß das Steuerrecht zur Zeit des Deutschen Kaiserreichs keine Steuervorauszahlungen in der Form kannte, wie sie 1919 gesetzlich eingeführt wurden.

So hat die Begründung der Konkursordnung von 1877 auch das Argument zur Stützung des Konkursvorrechts aufgenommen, die Steuern würden z. T. erst geraume Zeit nach ihrer Entstehung fällig. Um diese Zwischenzeit zu überbrücken, sei die Beibehaltung des fiskalischen Konkursvorrechts erforderlich[62]. Die Einführung der Steuervorauszahlungen hat die Besorgnis um den Eingang der entstandenen, noch nicht fälligen Steueransprüche wesentlich vermindert. Während früher der Fiskus erst mit Forderungen nach dem Ende des Wirtschaftsjahres kommen konnte, wenn in diesem Zeitraum ein Gewinn erzielt wurde, erhob er nunmehr normalerweise den Steuerbetrag des Vorjahres als Vorauszahlung schon während des noch laufenden Besteuerungszeitraumes. Damit entfiel hinsichtlich dieser bereits entrichteten Beträge im Verhältnis zur früheren Zeit das Schutzbedürfnis.

Die Kritiker nehmen dies zum Anlasse, die Abschaffung des fiskalischen Konkursvorrechts zu fordern. Sie sagen, bei Einführung der Konkursordnung 1877 hätte man sicherlich nicht dem Staat den besonderen Schutz gewährt, wenn das Vorauszahlungssystem der Zeit nach 1919 bereits existiert hätte, das dem Fiskus den vorzeitigen Eingang seiner Forderungen zu einem großen Teil sicherte, so daß der verbleibende Rest nicht mehr des besonderen Schutzes bedurft hätte. Die Argumentation ist nicht unrichtig. Es ist gewiß, daß durch die Einführung des Vorauszahlungssystems die Situation des Fiskus sich verbessert hat. Dieser Verbesserung ist seitens der Gesetzgebung aber keine Einschränkung des Konkursvorrechts parallel gelaufen. Es war nämlich der Fall eingetreten, daß die Steuerverbindlichkeiten zu Zeiten des Kaiserreichs noch nicht einmal die gleiche Höhe hatten

---

[62] Motive II, a.a.O., S. 239.

wie nach 1919 die Abschlußzahlungen, also die um die geleisteten Vorauszahlungen verminderten Steuerschulden. Bei dieser Lage sah der Fiskus sich nicht veranlaßt, von seinem Vorrecht zu lassen. Dennoch muß festgestellt werden, daß die Einführung der Vorauszahlungen die Lage des Fiskus bei Insolvenzen wesentlich verbesserte. Dieser verbesserten Lage hätte nach den Begründungen der Konkursordnung von 1877 eine Beschränkung des fiskalischen Konkursvorrechts entsprochen.

b) Gesetzlich begründete dingliche Haftung für Steueransprüche

Die Kritik am Konkursvorrecht des Fiskus weist auch auf die gesetzlich begründeten dinglichen Haftungen für Steueransprüche hin, die insoweit ein Konkursvorrecht überflüssig erscheinen lassen. Diese dinglichen Haftungen finden sich verstreut in einzelnen Gesetzen, die nach der Einführung der Konkursordnung erst ergingen.

Man konnte derlei Haftungen bei der Schaffung des Konkursvorrechts des Fiskus also nicht berücksichtigen. Auch hier muß also festgestellt werden, daß bei Verabschiedung der Konkursordnung im Jahre 1877 dem Gesetzgeber die Beibehaltung des fiskalischen Konkursvorrechts durchaus zweckmäßig erscheinen konnte. Andererseits hat die Einführung der dinglichen Haftungen in späteren Jahren den Gesetzgeber nicht dazu bewegen können, nunmehr das Konkursvorrecht der öffentlichen Abgaben einzuschränken. Das „Gesetz vom 16. Juli 1879 betreffend die Besteuerung des Tabaks"[63], legt fest, daß neben Veräußerer und Käufer auch der Tabak selbst für die Steuer haftet und deswegen von den Steuerbehörden mit Beschlag belegt oder zurückgehalten werden kann. Hier hatte der Staat also eine dreifache Sicherung seines Steuereingangs gesetzlich verankert.

Diese Privilegierung der fiskalischen Ansprüche wird von Endemann zu Recht als „Muster von Kasuistik"[64] empfunden.

Diese dingliche Haftung des Tabaks für die Tabaksteuer war aber nur ein Einzelfall. Die Reichsabgabenordnung hat derlei Haftungen verallgemeinert. § 121 Abs. 1 und 2 legt im wesentlichen für Zölle und Verbrauchsabgaben die dingliche Haftung der Erzeugnisse fest[65].

---
[63] RGBl. 1879, S. 245.
[64] Endemann, W., Die Entwicklung der Justizgesetzgebung des Deutschen Reiches in den Jahren 1879 und 1880, in: Annalen des Deutschen Reiches für Gesetzgebung, Verwaltung und Statistik, 1881, herausgegeben von Hirth und Seydel, Leipzig 1881, S. 436.
[65] § 121 Abs. 1 und 2 AO: „Steuerpflichtige Erzeugnisse und zollpflichtige Waren haften ohne Rücksicht auf Rechte Dritter für den Betrag der darauf ruhenden Steuern. Solange die Steuer nicht entrichtet ist, kann das Finanzamt die Erzeugnisse und Waren mit Beschlag belegen. Als Beschlagnahme

Für einen großen Teil der fiskalischen Ansprüche besteht hier also demgemäß im Konkurs ein Absonderungsrecht gemäß § 49 Abs. 1 Ziff. 1 KO. Während das Absonderungsrecht nach § 49 Ziff. 1 KO aber nur für Erzeugnisse und Waren gilt, die in der Verfügungsgewalt der Steuerbehörde sind, oder von ihr beschlagnahmt werden[66], gilt die Haftung der Erzeugnisse und Waren bereits seit Beginn der Herstellung bzw. der Überschreitung der Zollgrenze. Die Beschlagnahme kann also noch nach der Konkurseröffnung wirksam erfolgen. Insofern stellt § 121 AO eine Erweiterung von § 49 Ziff. 1 Abs. 1 KO dar. Neben dieser Verbesserung der Situation des Fiskus ist die Vorrangigkeit des Absonderungsrechts des Fiskus aus § 49 Abs. 1 Ziff. 1 KO vor den übrigen Absonderungsrechten der §§ 48 und 49 KO im Abs. 2 des § 49 KO bestimmt.

Eine weitere dingliche Haftung, die zur Einräumung des Absonderungsrechts im Konkurse führt, besteht hinsichtlich der Grundsteuer der Gemeinden[67]. Den Gemeinden ist für die laufenden Abgaben und die Zeit von zwei Jahren eine abgesonderte Befriedigung an dritter Stelle gemäß § 47 KO und hinsichtlich der älteren Ansprüche an siebenter Stelle eingeräumt.

Es kann also festgestellt werden, daß dem Fiskus hinsichtlich der Zölle und Verbrauchsteuern ein vorrangiges Absonderungsrecht gemäß § 49 Ziff. 1 KO und hinsichtlich der Grundsteuer ein Absonderungsrecht gemäß § 47 KO zusteht. Dieses Absonderungsrecht ist verfahrensmäßig höher zu bewerten als das Konkursvorrecht gemäß § 61 Ziff. 2 KO. Eine Notwendigkeit, das Konkursvorrecht des § 61 Ziff. 2 KO für diese Steuerarten beizubehalten, ist nicht einzusehen. Der theoretische Fall, daß das Absonderungsrecht nicht zu einer vollen Befriedigung führt, so daß die Ausfallforderung nunmehr als bevorrechtigte Forderung gemäß § 61 Ziff. 2 KO geltend gemacht werden kann, tritt so selten ein, als daß damit die Beibehaltung des Vorrechts nicht begründet werden kann.

c) Sicherungsmöglichkeiten der Finanzverwaltung

Während die Finanzverwaltung bei den entstandenen bzw. begründeten Steueransprüchen, die noch nicht fällig sind, wenig Sicherungsmöglichkeiten hat, bieten ihr die Bestimmungen der Abgabenordnung

---

genügt das Verbot an den, der die Erzeugnisse oder Waren in Gewahrsam hat, über sie zu verfügen. Die Haftung entsteht bei steuerpflichtigen Erzeugnissen, wenn nichts anderes vorgeschrieben ist, mit Beginn ihrer Herstellung, bei zollpflichtigen Waren mit Überschreitung der Zollgrenze."
[66] Böhle-Stamschräder, Konkursordnung, a.a.O., S. 157 f.
[67] § 10 Abs. 1 Nr. 3 des Reichsgesetzes über die Zwangsverwaltung und Zwangsversteigerung vom 24. März 1897.

allerdings Sicherheiten für von ihr ausgesprochene Steuerkredite. So sollen gemäß § 127 AO Stundungen in der Regel nur gegen Sicherheitsleistungen ausgesprochen werden. Auch die Genehmigung der Aussetzung der Vollziehung und der Aussetzung der Vollstreckung kann von der Gestellung von Sicherheiten abhängig gemacht werden. Das gleiche gilt für den Zahlungsaufschub. Insofern hat also die Finanzverwaltung die Möglichkeit, sich ihre Forderungen bei zweifelhaften Schuldnern zu sichern.

Auch die Möglichkeit, Stundungen und Aussetzungen nur auf Widerruf zu bewilligen, trägt zur Sicherstellung der fiskalischen Ansprüche bei. Es muß dann also von der Finanzverwaltung verlangt werden, daß auch während der Stundungsfrist die Bonität des Schuldners im Auge behalten wird. Stellen sich ernste Zweifel über die termingerechte Zahlungsfähigkeit ein, so sollte die Stundung widerrufen und Sicherungsmaßnahmen ergriffen werden.

Dazu steht dem Finanzamt die Möglichkeit des Arrestes gemäß § 77 Beitreibungsordnung offen. Es hat aber auch die viel bessere Möglichkeit, aufgrund eines rasch zu erhaltenden Titels Pfändungen auszubringen. Besonders die eigne Vollstreckungsabteilung sichert dem Fiskus einen Vorsprung vor den Privatgläubigern, die nur mühsam in den Besitz eines Titels kommen können. Insofern stehen dem Fiskus also alle Möglichkeiten offen, bei Vergleichsverfahren sogar die, in die Masse hineinzupfänden[68].

Wenn man also resumierend feststellt, daß die außer dem Konkursvorrecht nach § 61 Ziff. 2 KO dem Fikus zur Verfügung stehenden Sicherungsmöglichkeiten vielfältiger Art sind und in ihrer verfahrensmäßigen Wirkung stärker, so ist die Notwendigkeit der Beibehaltung des Konkursvorrechts des Fiskus nicht einzusehen. Die Erhebung von Vorauszahlungen, gesetzliche Absonderungsrechte bei Zöllen und Verbrauchsteuern sowie der Grundsteuer, Gestellung von Sicherheiten bei Stundungen, Widerrufsmöglichkeit bei Stundungen und schließlich die Pfändung aufgrund von kurzfristig erreichbaren Titeln stellen Sicherungsmöglichkeiten dar, die bei richtiger Anwendung das Konkursvorrecht des § 61 Ziff. 2 KO ersetzen.

Wenn man aber dem Fiskus das Konkursvorrecht einräumt, um ihn vor nicht von ihm zu vertretenden Verlusten zu schützen, so muß umgekehrt gefolgert werden, daß er nichts unterlassen soll, seine

---

[68] Renger, W., Die Stellung der Gläubiger im gerichtlichen Vergleichsverfahren, in: Betrieb 1951, S. 520: „Die Offenlegung der Verhältnisse des Schuldners in seinem dem Gericht einzureichenden und allen Gläubigern zugängigen Vergleichsantrag begünstigt die nicht betroffenen Gläubiger erheblich, wenn sie rigoros vorgehen wollen. Nichts hindert z. B. die Vollstreckungsabteilung einer Steuerbehörde, aus den Vergleichsakten die Außenstände oder die besten Maschinen und Einrichtungsgegenstände zum Zwecke der Pfändung und Überweisung oder Versteigerung herauszuschreiben."

Ansprüche zu sichern. Nur unter dieser Voraussetzung war ihm das Vorrecht zugedacht[69]. Hierzu hat aber schon das Reichsgericht 1929 erwähnt, daß der Steuerfiskus wegen aller seiner Forderungen die weitestgehenden Sicherungsmöglichkeiten habe[70]. Er ist also auf das Vorrecht überhaupt nicht angewiesen, da er sich immer sicherstellen kann, um im Konkurs abgesondert befriedigt zu werden[71].

2. Die Kritik aus volkswirtschaftlicher Sicht

a) Die fehlende Übereinstimmung von Rechts- und Wirtschaftsordnung hinsichtlich des Konkursvorrechts des Fiskus

Wenn ein Gesetz wie die Konkursordnung nun schon seit über 80 Jahren in seinem materiellen Gehalt nahezu unverändert gilt, so spricht dies sicherlich für die Bearbeiter dieses Gesetzes. Es gibt auch keine Stimmen, die dem Verfasser der Konkursordnung Carl Hagens nicht ob seiner Leistung uneingeschränktes Lob erteilen würden.

Dennoch entzündet sich bisweilen an einzelnen Bestimmungen die Kritik, die in dem Vorwurf gipfelt, diese oder jene Vorschrift schaffe eine Diskrepanz zwischen Rechts- und Wirtschaftsordnung. Es war nicht verwunderlich, daß diese Kritik auch dem Konkursvorrecht des Fiskus zuteil wurde, wobei stets betont wurde, diese heute fehlende Übereinstimmung zwischen Rechts- und Wirtschaftsordnung habe in der Zeit um die Jahrhundertwende existiert.

Dazu ist festzustellen, daß sich derartige Differenzen leicht ergeben können, weil sich die Rechtsordnung in „normativen Gesetzen" widerspiegelt, denen eine gewisse Starrheit anhaftet, während sich die Wirtschaftsordnung nach „Wesensgesetzen" richtet, die wandelbar wie die Wirtschafts- und Sozialordnung überhaupt sind[72]. Die Konkursordnung ist entstanden in einer Zeit, in der der Liberalismus die Leitidee der Wirtschaft war. Sie bezweckte den Schutz des wirtschaftenden Menschen. So ergibt sich nun die Frage, ob die Rechtsordnung heute noch in der Lage ist, diesen ihr zugedachten Zweck zu erfüllen.

Die Entwicklung vom Agrar- zum Handels- und Industriestaat wurde seit der Einführung der Konkursordnung vollzogen. Die Belastungen der Betriebe durch die mannigfachen Anforderungen der öffentlichen Hand nahmen ungeahnte Formen an[73]. Die Konkursordnung

---

[69] Koch, R., Zur Reform des Preußischen Konkursrechts, a.a.O., S. 55.
[70] RG-Urteil vom 18. März 1927 (RStBl. 1927, S. 129).
[71] Richter, Steuerforderungen im Konkurs, in: Konkurs und Treuhand 1927, S. 107.
[72] Stemmer, E., Konkurs und Wirtschaft, Basel 1952, S. 1.
[73] Berges, A. M., Große oder kleine Insolvenzrechtsreform, KTS 1955, S. 50.

schützt heute vorwiegend den Fiskus, der Schutz des Individuums tritt zurück. Aber auch ein zweites Moment ist von Bedeutung für die Beantwortung der Frage, ob die Konkursordnung hinsichtlich des fiskalischen Vorrechts mit der heutigen Wirtschaftsordnung übereinstimmt. Die Wirtschaft hat eigene „Gesetze". Und wenn das kodifizierte Recht für die wirtschaftlichen Belange nicht ausreicht, so schafft die wirtschaftliche Vernunft mit der ihr eigenen Dynamik eigene Lösungen.

Derartige Erscheinungen zur Umgehung des fiskalischen Konkursvorrechts haben sich mehr und mehr in der Wirtschaft gezeigt. Der Personalkredit ist im Schwinden begriffen, und die dinglichen Sicherungen der normalerweise nicht bevorrechtigten Gläubiger häufen sich in den Insolvenzen. Der Eigentumsvorbehalt seitens der Lieferanten ist heute allgemein üblich und der Weg zum „verlängerten Eigentumsvorbehalt", der die Abtretung aller Forderungen aus der Veräußerung mit Eigentumsvorbehalt belasteter Waren beinhaltet, wird ebenfalls recht häufig beschritten.

Die Wirtschaft wehrt sich also, sie hat neue Wege gesucht, um sich den Schutz zu verschaffen, den ihr einstmals die Konkursordnung gegeben hat, der ihr aber durch die ständig steigenden Vorrechtsforderungen des Fiskus genommen wurde.

Das Ergebnis ist ein Abgehen von dem wirtschaftlichen Zweck des Konkurses, wie er ihm zugedacht war, zu einem heute als einseitig empfundenen Schutz des Fiskus. Dieser Wandel in der Funktion des Konkurses, der nicht bewußt auf Grund besserer Einsichten vorgenommen wurde, sondern lediglich dadurch, daß die bestehende Rechtsordnung nicht den Wandlungen der Wirtschafts- und Sozialstruktur angepaßt wurde, zeigt also deutlich ein Auseinanderklaffen von Rechtsordnung und Wirtschaftsordnung, soweit sie das fiskalische Konkursvorrecht betreffen.

b) Die Auswirkungen des Konkursvorrechts des Fiskus auf den Konjunkturverlauf

Die Konkursverfahren haben keinen Einfluß auf den Konjunkturverlauf, ihre Zahl ist lediglich ein Anhaltspunkt für die Beurteilung des Konjunkturverlaufs. Schon Spiethoff und das Institut für Konjunkturforschung sahen die Konkurse als Konjunktursymptome an, aber nur für Teile des Konjunkturablaufs. Neuere Untersuchungen von Brennecke bestätigen aber die These, daß die Konkurse auch Symptom für den gesamten Konjunkturverlauf sind, allerdings mit unterschiedlicher Reagibilität in Hochspannung, Krisis und Depression[74]. In der Hochspannung sind die zunehmenden Insolvenzen ein sicheres Anzeichen für die Liquiditätsschwierigkeiten innerhalb der gewerblichen Wirtschaft, in der Phase der Depression lassen sie Rückschlüsse auf die Gestaltung der Illiquidität wie der Unrentabilität zu.

Ist demnach das Auftreten von Konkursen lediglich Symptom des Konjunkturverlaufs, steht andererseits auch fest, daß die Konkursverfahren selbst den Konjunkturverlauf nicht beeinflussen können, so fragt es sich nun, ob das Konkursvorrecht des Fiskus Einflüsse auf den Konjunkturverlauf nehmen kann. Diese Frage ist unabhängig von dem schon behandelten Problem zu beantworten, ob die Sicherstellung von Steuerkrediten, die aus konjunkturpolitischen Erwägungen in der Phase der Depression gewährt werden, gerechtfertigt erscheint.

Bei der Beantwortung der Frage muß von den einzelnen Phasen des Konjunkturablaufs ausgegangen werden. Im Aufschwung ist ein Einfluß des Konkursvorrechtes des Fiskus kaum anzunehmen. Da die Konkurse, wie Brennecke feststellte, stets mit Verzögerungen den Konjunkturverlauf wiedergeben, fallen in die erste Zeit des Aufschwungs noch Insolvenzen aus der vorhergehenden Depression. Die Mehr-Verluste der Gläubiger infolge des fiskalischen Konkursvorrechts aus diesen Insolvenzen können von diesen aber wegen des Aufschwungs getragen werden. Das Konkursvorrecht des Fiskus hat also keine starke Auswirkung, in Einzelfällen wird es sich ein wenig hemmend bemerkbar machen.

Anders ist die Situation in der Depression. Hier fallen nach den Untersuchungen von Brennecke die Konkurse der Hochkonjunktur und der beginnenden Depression an. Die Insolvenzen führen zu Zahlungseinstellungen weiterer Betriebe, da sie in der Zeit des allgemeinen Abschwungs nicht in der Lage sind, die Konkursverluste oder aber auch nur den Nichteingang der Forderungen auf lange Sicht anders auszugleichen. Es treten also infolge einer Insolvenz Sekundärwirkungen bei den Gläubigern ein, die diese zu Insolvenzschuldnern werden lassen.

Hier hat nun das Konkursvorrecht des Fiskus eine besondere Wirkung. Während der Staat normalerweise aktiv in den Konjunkturverlauf eingreift, um die Depressionserscheinungen abzuschwächen[75], wirkt hier das fiskalische Konkursvorrecht direkt konträr. Die Vorabzahlung von Steuern an den Fiskus mindert die Quoten an die nicht bevorrechtigten Gläubiger in einem solchen Maße, daß Liquiditätsschwierigkeiten bei diesen in verstärktem Umfange auftreten und dadurch um so eher zu weiteren Insolvenzen führen können. Das

---

[74] Brennecke, F., Die konjunktursymptomatische Bedeutung der Konkurse, a.a.O., S. 16.
[75] Vgl. nur die schon erwähnten Stützungskredite von Steuern in Zeiten des Aufschwungs zur Zeit der Einführung der Konkursordnung.

Konkursvorrecht des Fiskus verstärkt also in der Phase der Depression deren unerfreuliche Erscheinungen. Hier läuft also die Auswirkung einer den Staat begünstigenden gesetzlichen Bestimmung dessen sonstigen konjunkturpolitischen Bestrebungen diametral entgegen.

Obwohl diese Kritik am Konkursvorrecht des Fiskus nur von Höver[76] einmal nebenbei angedeutet wird und sonst nicht vorgebracht wird, hat dieses Argument seine Bedeutung. Man wird zwar sagen können, der Verfasser überschätze den Einfluß, der vom Konkursvorrecht des Fiskus ausgehe; die Bedeutung dieser Beeinflussung, die zudem nur in der Depression eintrete, sei nur gering. Dies mag in gewissem Umfange zutreffen, ändert aber nichts an der grundsätzlichen Richtigkeit der Kritik. Die ungünstige Beeinflussung des Konjunkturablaufs durch das fiskalische Konkursvorrecht ist eine feststehende Tatsache, die den konjunkturpolitischen Bemühungen des Staates entgegensteht.

c) Störungen der Kreditwirtschaft durch das fiskalische Konkursvorrecht

Der Staat hat es sich immer angelegen sein lassen, die Kreditwirtschaft zu schützen und zu unterstützen. Es klingt eigenartig, wenn festgestellt werden muß, daß heute die Frage staatlicher Störung der Kreditwirtschaft gestellt werden muß. Aber ebenso kurios ist die Erklärung dieser Erscheinungen:

Sie gehen zurück auf den staatlichen Schutz der Kredite. Dies erscheint paradox. Aber noch bei Abfassung der Preußischen Konkursordnung von 1855 ging man davon aus, daß der Personalkredit durch Gewährung von Vorrechten gestützt und gehoben werde. So blieb es bei dem Vorrechtssystem, das in der Konkursordnung von 1877 zwar eingeschränkt wurde, seither aber keinerlei Veränderung mehr erfuhr.

Die Auffassung, der Personalkredit bedürfe zu seiner Förderung der Gewährung von Vorrechten, wurde dagegen bald schon als überholt angesehen. Goltdammer kritisiert schon 1858 zutreffend die Unhaltbarkeit dieser Anschauung[77] und auch die Motive zur Konkursordnung

---

[76] Höver, Zur Rechtserneuerung im Konkursrecht, a.a.O., S. 514.

[77] Goltdammer, Kommentar und vollständige Materialien zur Konkursordnung vom 8. Mai 1855, a.a.O., S. 13: „Wenn aber der Personalkredit auf dem in den Schuldner gesetzten Vertrauen beruht, vermöge dessen von seiner Redlichkeit, Pünktlichkeit, Betriebsamkeit, überhaupt von seinem Charakter sowie von dem Zustand seiner Vermögens- und Verkehrsverhältnisse im ganzen, in Verbindung mit der Aussicht auf evtl. Erlangung einer prompten Rechtshilfe, die Erfüllung seiner Verbindlichkeiten erwartet wird, so leuchtet ein, nicht nur, daß Vorrechte dem Begriff des Personalkredits durchaus fremd sind, sondern auch, daß dieselben namentlich solche, welche jeder Erkennbarkeit ermangeln, ein Hindernis des Personalkredits bilden."

von 1877 bezeichnen die Vorrechte als Nachteil für die Kreditgewährung[78]. Es ist besonders die Unübersichtlichkeit der Vorrechtsforderungen, die als kreditstörend empfunden wird.

Dieser Vorwurf galt schon immer. Dazu bringen Streitigkeiten von Vorrechtsgläubigern untereinander um den Vor- bzw. Gleichrang oder unter den Gläubigern über das Vorrecht überhaupt Verzögerungen in die Verfahren. Diese Mängel wirken sicherlich kredithemmend. Der Personalkredit bei Banken, früher einmal eine der vornehmsten Aufgaben seriöser Institute, ist sehr zurückgegangen. Fürst führt dies allein auf die geringen Aussichten für nicht bevorrechtigte Gläubiger im Konkurs zurück[79].

Die Wirtschaft weiß der Bevorzugung des Fiskus nichts anderes entgegenzustellen als die stärkeren dinglichen Sicherungen, die einen vernünftigen Personalkredit sehr einengen. Wenn, wie schon gesagt, die Banken nur noch in ganz geringem Umfange diese Kredite gewähren, so bleibt der Personalkredit nur auf die Lieferanten beschränkt, die sich ihrerseits wieder durch Eigentumsvorbehalt, „verlängerten Eigentumsvorbehalt" und Sicherungsübereignungen zu schützen wissen. Darüber hinaus werden in einzelnen Industriezweigen noch weitergehende Sicherheiten verlangt. So hat z. B. die Eisen- und Stahlindustrie eine Delcrederestelle eigens zu dem Zweck geschaffen, durch Bürgschaften von Banken oder Versicherungen sämtliche Risiken des Bezugs der Händler abdecken zu lassen und diese Deckung zu überwachen.

Diese Rückwirkung des fiskalischen Vorrechts ist nicht gewollt, ist aber eingetreten und hat das Kreditwesen revolutioniert. Die Bedenken dagegen sind klargestellt und verdienen Beachtung. Tatsache aber ist, daß man, ohne Prophet zu sein, vorhersagen kann, daß die Wirtschaft nur im Zuge einer vernünftigen Beschränkung des fiskalischen Konkursvorrechts von ihren allein auf die Minderung des Risikos abgestellten Lieferungsbedingungen und sonstigen Usancen abgehen wird.

Hatte Makower noch im letzten Jahrhundert dem Pfändungspfandrecht und dem Vermieterpfandrecht die Schuld an der Quotenarmut der Konkurse gegeben[80], so sind es heute die fiskalischen Vorrechtsansprüche. Daß diesen Privilegien die Wirtschaft mit „übersteigerten Erstreckungsformen der Aus- und Absonderungsrechte privater Gläu-

---
[78] Motive II, a.a.O., S. 238.
[79] Fürst, R., Gastvortrag, gehalten an der Universität des Saarlandes, über: Die betriebswirtschaftliche Beurteilung von Insolvenzen durch die beteiligten Banken.
[80] Makower, H., Zur Revision der deutschen Konkursordnung, Berlin 1894, S. 8.

80 Grundsätzliche Kritik am Konkursvorrecht der öffentl. Abgaben

biger"[81] entgegengetreten ist, ist eine Folgeerscheinung, die ebenso unerfreulich ist wie das sie auslösende fiskalische Konkursvorrecht. Nicht umsonst hat sich der 41. Deutsche Juristentag mit dieser Situation befaßt und festgestellt, daß „das Recht der Kreditsicherung in unlöslichem funktionellem Zusammenhang mit den Konkursvorrechten aller Art, insbesondere denen der öffentlichen Hand steht"[82]. Das Argument von Maaßen, die Gemeinschuldner würden dazu neigen, ihre privaten Gläubiger gegenüber dem Steuerfiskus durch Gewährung von Sicherheiten zu bevorzugen[83], kann in diesem Zusammenhang nicht durchschlagen. Die zeitliche Reihenfolge des Niedergangs des Personalkredits beginnt nämlich mit dem fiskalischen Konkursvorrecht und wird dann erst fortgesetzt mit den dinglichen Rechten der Privatgläubiger zur Abwehr der fiskalischen Privilegien.

Wenn der Personalkredit wieder zum Aufleben und neuen Ehren kommen soll, so bedarf es des Abbaus des fiskalischen Konkursvorrechts. Selbstverständlich kann dies nicht der alleinige Schritt sein, auch die Wirtschaft wird auf außergewöhnliche Sicherungen verzichten müssen. Das Erfordernis dazu scheint aber dann auch nicht mehr so stark, weil der Grund zur besonderen Sicherung mit dem Konkursvorrecht des Fiskus weggefallen ist.

3. Die Kritik aus der Sicht der Gläubiger

a) Die Insolvenzverluste als Grund von Liquiditätsschwierigkeiten der Gläubiger

Wenn festgestellt wurde, daß die derzeitige Vorrechtsregelung der Konkursordnung zu Störungen der Volkswirtschaft führen kann, so muß auch der Einfluß der Konkursvorrechte auf die einzelnen Gläubiger untersucht werden. Die Auswirkungen des Insolvenzverlustes sind bei diesen verschieden, je nach seinen Einkommens- und Kapitalverhältnissen. Während der gut verdienende oder kapitalstarke Gläubiger den Insolvenzverlust eher verschmerzen kann, werden weniger bemittelte Gläubiger mit durchschnittlichem Einkommen von solchen Verlusten hart getroffen.

Stets haben die Kritiker darauf hingewiesen, daß die Nachteile, die der Staat bei Wegfall seines Konkursvorrechts in Kauf nehmen müsse, in keinem Verhältnis stehen zu den Nachteilen, die den nichtbevorrechtigten Gläubigern infolge des Bestehens des fiskalischen Vorrechts

---

[81] Berges, A. M., Die Vergleichsordnung in der Erprobung und Bewährung, KTS 1955, S. 5.
[82] Themen des 41. Deutschen Juristentages, Betriebsberater 1955, S. 811.
[83] Maaßen, Fälligkeit der Steuer und Konkursvorrecht, a.a.O., S. 149.

Die Kritik am Konkursvorrecht des Fiskus 81

erwachsen[84]. Auch widersprechen diese Vorrechtsregelungen aller Billigkeit, da der einzelne von dem Insolvenzverlust viel härter betroffen wird als der Staat[85].

Hier übt nun das Konkursvorrecht des Fiskus eine besonders ungünstige Wirkung aus. Das Privileg des Fiskus beschneidet die an sich schon geringe Quote der nichtbevorrechtigten Gläubiger und bringt diese in Schwierigkeiten, wenn sie nicht ein entsprechendes Einkommen bzw. Vermögen haben. Bei den Untersuchungen des Verfassers wurden immer wieder Fälle bekannt, in denen die Insolvenzverluste der Gläubiger zu Liquiditätsschwierigkeiten bei diesen, ja sogar Insolvenzen führten. Diese äußerst ungünstigen Auswirkungen werden durch das fiskalische Vorrecht verstärkt. Sie führen oft zu erbitterten Anklagen dieser Gläubiger in den Gläubigerversammlungen.

Es ist ja auch oft nicht nur der Ausfall, den der Gläubiger erleidet, der ihn in Schwierigkeiten bringt, sondern auch der Wegfall des Kunden, also der Umsatzrückgang und der damit verbundene Rückgang des Beschäftigungsgrades. Würde hier der Fiskus am Konkursvorrecht beharren und damit einen Vergleich oder Zwangsvergleich verhindern, der dem Gläubiger sonst den Kunden erhalten würde, so wäre der ungünstige Einfluß des fiskalischen Konkursvorrechts noch größer.

Erfreulicherweise zeigt die Verwaltungspraxis, daß in diesen Fällen weitgehend Zugeständnisse seitens des Fiskus gemacht werden. Die Verwaltungsanweisungen sehen vor, daß der Fiskus bei „erhaltungswürdigen" Betrieben die Sanierung eines Betriebes im Vergleichsverfahren nicht durch Beharren auf dem Vorrecht behindert[86]. Aber diese Verwaltungsübung kann, so sehr sie im Ansatz begrüßt werden muß, nicht befriedigen. Sie ist lediglich auf das Vergleichsverfahren und auf den Gemeinschuldner abgestellt. So hängt viel von der Prüfung der „Erhaltungswürdigkeit" des Schuldners ab. Diese „Erhaltungswürdigkeit" wird aber nicht nach den objektiven Gesichtspunkten des

---

[84] u. a. Koch, R., Zur Reform des Preußischen Konkursrechts, a.a.O., S. 57; Jaeger-Lent, Konkursordnung, a.a.O., S. LVIII: „Vom sozialen Standpunkt aus, der Prüfung, welche Gläubiger am meisten schonungs- und schutzwürdig sind, ist das Vorrecht der Steuerforderungen nicht gerechtfertigt. Unter den Konkursgläubigern sind stets eine große Zahl kleinerer Existenzen, die hart betroffen werden; Bund, Länder und Gemeinden werden dagegen selbst auch durch Ausfälle Hunderttausender von DM bei ihren Milliardenetats nicht merklich beeinträchtigt; ..."

[85] Jaeger, E., Lehrbuch des deutschen Konkursrechts, a.a.O., S. 65: „Es widerstreitet aller Billigkeit, daß der Fiskus, dessen Konkursverluste von Millionen zu tragen und darum kaum zu verspüren sind, mit seinen ins Ungemessene gesteigerten Abgabenansprüchen etwa einem Verkäufer oder Darlehnsgeber vorgeht, der die ganze Schwere des Ausfalls persönlich zu tragen hat."

[86] z. B. Verfügung des Ministeriums für Finanzen und Forsten des Saarlandes vom 19. April 1951 (III B/II-I b Nr. 425/51 — S. 1230-A) mit Bezug auf DStZ (B) Nr. 35, 50.

Schuldnerbetriebes beurteilt, sondern auch nach den subjektiven des Steuerschuldners. So verweigern die Finanzbehörden Zugeständnisse bei Steuerschuldnern mit schlechter Steuermoral, ohne auf den Betrieb Rücksicht zu nehmen.

Diese Handhabung verbessert die Lage der Gläubiger nur in einigen Fällen. In anderen kommen diese in Schwierigkeiten, weil der Fiskus infolge mangelnder Erhaltungswürdigkeit den Konkurs erzwingt und dann auf dem Vorrecht beharrt. Die Entscheidung liegt allein bei der Verwaltung. Die Auswirkungen der Entscheidung bei den Gläubigern bleibt ohne jede Berücksichtigung.

Es muß also festgestellt werden, daß durch das Konkursvorrecht des Fiskus und dessen Geltendmachung nach der Entscheidung der Finanzverwaltung die übrigen Gläubiger in Liquiditätsschwierigkeiten kommen können, ja, sogar zu Insolvenzen. Die Prüfung der Erhaltungswürdigkeit der Betriebe durch die Verwaltung soll dazu führen, den einzelnen in seiner Lebens- und Arbeitsgrundlage nicht zu beeinträchtigen, wenn er steuerlich einwandfrei beurteilt wird, und der Betrieb existenzfähig ist. Zu solchen Beeinträchtigungen kann es aber nicht nur beim Gemeinschuldner kommen, wenn die Finanzbehörden durch Beharren am Vorrecht eine Sanierung durch Vergleich oder Zwangsvergleich unmöglich machen, sondern auch bei den nichtbevorrechtigten Gläubigern, die der Ausfall ihrer Forderungen an den Gemeinschuldner gerade bei den heute noch sehr schwachen Kapitaldecken der westdeutschen Firmen selbst in schwierige Situationen, wenn nicht gar zu Insolvenzen führt.

b) Die Belastung der nichtbevorrechtigten Gläubiger mit den Steuern des Gemeinschuldners

Die heftigste Kritik am Konkursvorrecht des Fiskus wird mit dem Argument vorgebracht, durch das Vorrecht müßten die Gläubiger die Steuern des Gemeinschuldners tragen[87]. Dieses Ergebnis ist keineswegs überraschend. Es ist vom Gesetzgeber gewollt, denn es ist offensichtlich, daß jede Einräumung eines Vorrechts die für die Quote an die nichtbevorrechtigten Gläubiger vorhandene Masse schmälert. Indirekt tragen also die nichtbevorrechtigten Gläubiger tatsächlich den Teil der Vorrechtsforderungen, der die höhere Befriedigung als die normale Quote ausmacht.

Es ist nun zu prüfen, ob dieser Vorgang, der zweifellos bei Einführung der Konkursordnung bekannt war und berücksichtigt wurde[88], im

---

[87] z. B. Jaeger-Lent, Konkursordnung, a.a.O., S. LVII.
[88] Motive II, a.a.O., S. 238: „Jedwede Bevorzugung des einzelnen Gläubigers enthält eine Rechtskränkung der anderen, die volle Befriedigung des einen geschieht auf Kosten des anderen."

Laufe des Bestehens der Konkursordnung zu einer Verschärfung geführt hat. Auch hier muß wieder darauf hingewiesen werden, wie relativ gering die steuerliche Belastung des Gemeinschuldners in der Zeit um die Jahrhundertwende gewesen ist. Nach dem ersten Weltkrieg aber stieg die steuerliche Belastung des Bürgers um ein Mehrfaches und von dieser Zeit an ständig weiter. So sind heute, wie bereits ausgeführt, die Steuerschulden des Gemeinschuldners ein beträchtlicher Posten der Gesamtverbindlichkeiten.

Um so mehr wird die Kritik laut, die Gläubiger müßten die Steuern des Gemeinschuldners tragen, da nun die Schmälerung der Masse derart beträchtlich ist, daß man von einer Konfiskation des Schuldnervermögens sprechen kann, und Culemann von einer 100prozentigen Umsatzsteuer für die Lieferungen der nichtbevorrechtigten Gläubiger[89]. Mit Bezug auf das Konkursvorrecht der Lastenausgleichsabgaben vergleicht Flume diese mit Entartungserscheinungen des byzantinischen Rechts[90].

Die heutige Quotenarmut bei Konkursen ist im wesentlichen auf die hohen bevorrechtigten Steueransprüche zurückzuführen. In einer großen Zahl von Verfahren verbleibt tatsächlich nichts für die nichtbevorrechtigten Gläubiger. Dabei sind die Werte, die in der Masse liegen, meist von den nichtbevorrechtigten Gläubigern geliefert worden bzw. durch ihre Lieferungen entstanden. Der seitens der Privatgläubiger gewährte Personalkredit wird also bestraft. „Weil sie kreditweise Umsätze getätigt haben mit dem Schuldner, müssen die Privatgläubiger nun das Umsatzgut unentgeltlich und restlos an den Staat abtreten[91]."

Es ist eine eigenartige Erscheinung, daß völlig fremde dritte Personen für die Steuern eines anderen aufzukommen haben. Das Steuerrecht kennt zwar einige Fälle[92], in denen eine Haftung für Steuerverbindlichkeiten eines Dritten vorliegt, aber in allen diesen Fällen hat der, der schließlich zum Tragen der Steuern herangezogen wird, vorher ein Mitwirkungsrecht gehabt und hat die Haftung auch selbst begründet bzw. die Inanspruchnahme veranlaßt. Im vorliegenden Fall ist aber nichts dergleichen vorgekommen. Der Gläubiger hat auf die Höhe der Steuerrückstände wie auf deren Entstehung keinen Einfluß. Lediglich die Tatsache, daß er von seinem Schuldner Geld zu erhalten hat, und dieser insolvent wurde, legt ihm einen Anteil von dessen Steuerschulden auf. Dieser Diffusionsvorgang ist daher wegen seiner Einmaligkeit auch zu Recht kritisiert worden.

---

[89] Culemann, H., Das Konkursvorrecht des Steuerfiskus, in: Creditreform 1930, S. 248.
[90] Flume, W., a.a.O., S. 977.
[91] Culemann, a.a.O., in: Creditreform, 1930, S. 248.
[92] z. B. die Haftung für die Abführung der Lohnsteuer.

Ganz abgesehen von den verfassungsrechtlichen Bedenken, die Berges überzeugend geltend macht[93], muß also aus wirtschaftlichen und steuerlichen Überlegungen dem fiskalischen Konkursvorrecht widersprochen werden. Man überlege nur, daß auch Säumniszuschläge und Verspätungszuschläge von den Gläubigern aufzubringen sind, oder daß eine nicht ordnungsmäßige Buchführung des Gemeinschuldners infolge Schätzungen des Finanzamtes den Gläubigern, nicht dem Gemeinschuldner, höhere Steuern auferlegt, indem sie die Masse schmälern. Geldstrafen sind laut § 62 Ziff. 2 KO keine Konkursforderungen. Dies wird damit begründet, daß ihre Zulassung als Konkursforderung „die Gläubiger des Missetäters härter treffen würde als den Missetäter selbst"[94]. Infolge des Konkursvorrechts nach § 61 Ziff. 2 KO tragen aber die Gläubiger Säumniszuschläge und Verspätungszuschläge und die als Folge von nicht ordnungsmäßigen Buchführungen im Schätzungswege erhöhten Steuern. Diese erhöhten Beträge sind sämtlich keine Geldstrafen. Sie können mit diesen aber verglichen werden, weil ihre Erhebung nur durch das Verschulden des Gemeinschuldners veranlaßt wurde. Dennoch trifft ihre Zahlung nicht diesen, sondern die Gläubiger. Diese unterschiedliche Behandlung von Geldstrafen und erhöhten Steuern, Säumniszuschlägen oder Verspätungszuschlägen widerspricht allem Rechtsempfinden. Dies wird besonders dann deutlich, wenn in den Gläubigerversammlungen bei Nennung der Forderungen des Fiskus hörbare Unruhe und Unwillen der anderen Gläubiger laut wird. An den krassen Beispielen dokumentiert sich am eindringlichsten die Notwendigkeit der Befreiung der Gläubiger von den Steuern des Gemeinschuldners[95].

c) Das Konkursvorrecht des Fiskus als Hindernis aussichtsreicher Prozesse oder Kostenzuschüsse von Gläubigern

Der Fiskus hat in den Insolvenzverfahren als Vorrechtsgläubiger eine recht günstige Position. Bei den Untersuchungen von Bredow und Christiansen[96] wurden die Forderungen des Fiskus in 161 von 202 Fällen befriedigt. Diese Stellung macht verständlich, daß bei den nichtbevorrechtigten Gläubigern kein sonderliches Interesse besteht, die Masse durch Führen von Prozessen zu verbessern, weil nur etwa in der Hälfte aller Konkursverfahren diese Verbesserung der Masse zu

---

[93] Berges, A. M., a.a.O., in: KTS 1957, S. 49 ff.
[94] Jaeger, E., Lehrbuch des deutschen Konkursrechts, a.a.O., S. 58.
[95] Besonders eigenartig war auch der Fall des Vorrechts der Reichsfluchtsteuer, bei dem die übrigen Gläubiger evtl. keine Quote erhielten. Heute ist dieser Fall wegen des Wegfalls dieser Steuer nur noch historisch beachtlich.
[96] Bredow und Christiansen, a.a.O., in: KTS 1959, S. 22.

Quotenerhöhungen der nichtbevorrechtigten Gläubiger führen würde, sonst aber die bevorrechtigten Gläubiger allein den Vorteil hätten.

In Fällen, in denen die Masse nicht sehr groß ist, waren nichtbevorrechtigte Gläubiger in früheren Zeiten oft dazu bereit, an die Masse Zahlungen zu leisten, damit seitens des Konkursverwalters Anfechtungsklagen bzw. sonstige aussichtsreiche Prozesse geführt werden konnten. Im Erfolgsfalle erzielten diese Gläubiger damit eine oft wesentlich verbesserte Masse. Diese Möglichkeit wird heute wenig genutzt. Die nicht bevorrechtigten Gläubiger wägen das Prozeßrisiko sehr genau ab und unterlassen im wesentlichen deshalb Kostenvorschüsse zugunsten der Masse, weil im Falle des Erfolges der Vorteil lediglich den bevorrechtigten Gläubigern zugute käme, darunter in erster Linie dem Fiskus.

Das fiskalische Konkursvorrecht wirkt sich also lähmend auf die Aktivität der nichtbevorrechtigten Gläubiger aus. Die insoweit vorzubringende Kritik ist berechtigt. Es zeigt sich, daß von den gesetzlichen Möglichkeiten in Konkursverfahren kein richtiger Gebrauch im Einzelfalle gemacht wird. Dabei würde ein Verzicht auf das Vorrecht die volle Funktionsfähigkeit wieder herstellen. Dazu käme, daß der Fiskus dann auch Vorteile aus geführten Prozessen hätte, da dann der Massezuwachs ja auch seinen Forderungen zugute käme.

4. Die Kritik gegen die Handhabung des Konkursvorrechts seitens der Finanzverwaltung

a) Fiskalisches Denken der Finanzverwaltung

Die Gesetzgebung hinsichtlich der Frage des Konkursvorrechts des Staates ist fiskalisch ausgerichtet. Dies resultiert aus der historischen Entwicklung der Konkursordnung. Die Versuche, das Gesetz zu ändern, haben weder zur Zeit der Preußischen Konkursordnung von 1855 noch zu allen Zeiten der Geltung der Konkursordnung von 1877 Erfolg gehabt. Der Wandel der Wirtschaftsstruktur vom Agrar- zum Industriestaat konnte ebensowenig eine Änderung herbeiführen wie die wechselnden Staatsformen vom Kaiserreich über die Weimarer Republik, über den autoritären Staat Hitlers bis zur heutigen Bundesrepublik. Dies sollte eigentlich verwundern.

Aber untersucht man die wahren Beweggründe, weshalb keine Änderung erfolgte, so findet man das Vorhandensein eines Prinzips, das viel längere Zeiträume überdauerte, das „Prinzip der Fiskalität"[97], das aus der Zeit des römischen Kaiserreichs stammt. Dieser Grundsatz hat sich im Denken der Legislative wie der Exekutive verwurzelt. Er

---
[97] Koch, R., a.a.O., S. 60.

ist zwar im Schwinden begriffen, besonders auch, weil die Jurisdiktion es mehr und mehr zurückdrängt, doch sind seine Einflüsse immer noch spürbar.

So kann man, wenn man nun wegen des Fehlens einer gesetzlichen abändernden Regelung sich an die Finanzverwaltung wendet, diese Tendenz bemerken. Knorr appelliert an die Verwaltung, „in weiser Beschränkung und in Ausübung einer wirtschaftsfördernden Steuerrechtspflege" wenigstens teilweise auf das Vorrecht zu verzichten[98]. Aber er hat selbst die Auffassung, daß dieser Appell wenig wirklichkeitsnah sei, wenn man die heutige Bundesfinanzverwaltungspraxis betrachtet. In Wirklichkeit ist es so, daß die Finanzverwaltung nur im Vergleichsverfahren bei „erhaltungswürdigen" Betrieben zu Zugeständnissen bei der Geltendmachung ihrer bevorzugten Ansprüche bereit ist. Der Verfasser hat in den von ihm untersuchten Insolvenzen keinen Fall von größeren Zugeständnissen der Finanzverwaltung im Konkursverfahren ermitteln können.

Es kann also festgestellt werden, daß die Geltendmachung des fiskalischen Vorrechts nach den gleichen Gesichtspunkten seitens der Finanzverwaltung erfolgt, nach denen auch der Gesetzgeber vorgeht, nämlich nach rein fiskalischen. Eine weniger starre Handhabung des eingeräumten Rechts, das in Gläubigerversammlungen immer wieder Anlaß erbitterter Beschwerden ist, hätte der Kritik am Konkursvorrecht des Fiskus manche Schärfe nehmen können. Es kann aber nur gesagt werden, daß eine von der Wirtschaft gewünschte variablere und den Einzelverhältnissen von Gemeinschuldner und dessen Gläubigern mehr angepaßte Geltendmachung leider unterblieben ist.

b) Interesselosigkeit der Finanzverwaltung

Wenn bereits ausgeführt wurde, daß die Stellung des Fiskus in den Insolvenzverfahren eine gegenüber den anderen Gläubigern um ein Vielfaches günstigere ist, so resultiert daraus auch die mangelnde Bereitschaft des Fiskus, Vertreter in die Gläubigerausschüsse und sonstigen Beratungsgremien zu entsenden. Die Sicherheit des Forderungseingangs führt zur Interesselosigkeit an dem Gang des Verfahrens.

So müssen die nichtbevorrechtigten Gläubiger die zeitraubende und verantwortungsvolle Arbeit dieser Ausschüsse übernehmen, die dementsprechend weder materiell, noch ideell honoriert wird[99]. Im Gegenteil, oft führen Klagen zu persönlichen Haftungen der Mitglieder

---

[98] Knorr, E., a.a.O., in: KTS 1957, S. 2.
[99] Eine gewisse Verbesserung in materieller Hinsicht hat die Verordnung über die Vergütung des Konkursverwalters, des Vergleichsverwalters, der Mitglieder des Gläubigerausschusses und der Mitglieder des Gläubigerbeirats vom 25. Mai 1960 (BGBl. I S. 329) gebracht.

dieser Ausschüsse. Andererseits hat sich aber stets gezeigt, daß die Arbeit dieser Gremien vorwiegend dem Interesse der bevorrechtigten Gläubiger diente.

Nun könnte zwar gefragt werden, inwieweit die Beamten des Fiskus überhaupt in der Lage wären, an der Lösung der vorwiegend wirtschaftlichen Probleme in den Ausschüssen zweckdienlich mitzuarbeiten. Schmölders kritisiert zu Recht die mangelnde wirtschaftliche Schulung der Beamten der Finanzverwaltung und fordert, daß die heute noch fast nur mit Juristen besetzte Verwaltung auch Volks- und Betriebswirte aufnehme, um den wirtschaftlichen Problemen aufgeschlossener gegenüberstehen zu können[100].

So sehr diese Forderung berechtigt ist, so mag sie im speziellen vorliegenden Falle nicht so durchgreifen. Denn die Mitwirkung von juristisch vorgebildeten Beamten in den Gläubigerausschüssen könnte zu einer guten Ergänzung der vorwiegend kaufmännisch orientierten übrigen Ausschußmitglieder führen. So wäre eine Zusammenarbeit zweifellos fruchtbringend, da sie die Ausschüsse in die Lage versetzt, sowohl in wirtschaftlicher wie in rechtlicher Sicht die Probleme anzugehen und zu lösen. Dieser Vorteil entgeht, weil das fiskalische Vorrecht eine Aktivität der Finanzverwaltung nicht erfordert. Eine Mitarbeit würde auch in diesem Falle aber mancher Kritik am Vorrecht des Fiskus vorbeugen. Leider muß aber festgestellt werden, daß sich eine Tätigkeit der Finanzverwaltung auch nur auf Ausnahmefälle beschränkt.

c) Verzögerungen in der Eröffnung der Insolvenzverfahren

Ein Mangel des Konkursvorrechts des Fiskus liegt darin, daß die übrigen Gläubiger die Höhe der Steuerforderungen nicht kennen, die im Konkursfalle bevorrechtigt befriedigt werden müßten. Aber bereits zu Zeiten der Preußischen Konkursordnung wie auch bei Einführung der Konkursordnung von 1877 wurde gefordert, daß der Gläubiger imstande sein müsse, sich über die Verhältnisse des Schuldners einen Überblick zu verschaffen[101]. Nun war auch hinsichtlich dieses Punktes in der Zeit bis zum Ende des ersten Weltkrieges die Gefahr für die nichtbevorrechtigten Gläubiger nicht so groß, weil die Summe der bevorrechtigten Forderungen gegenüber den Gesamtforderungen der Gläubiger gering war. Die in damaliger Zeit auf die bevorrechtigten Gläubiger vorab zu verteilenden Anteile der Masse blieben ohne größere Auswirkung auf die Quote der nichtbevorrechtigten Gläubiger.

---

[100] Schmölders, G., Finanzpolitik, a.a.O., S. 120 und 139.
[101] Motive II, a.a.O., S. 238, und Goltdammer, Kommentar und vollständige Materialien zur Konkursordnung vom 8. Mai 1955, a.a.O., S. 12.

Nach dem Ansteigen der Vorrechtsforderungen in den Jahren nach dem ersten Weltkrieg hatte dieser Gesichtspunkt mehr Gewicht. Die Unsicherheit der im Konkursfalle nichtbevorrechtigten Gläubiger nahm nun akute Formen an. Die übrigen Gläubiger wurden mehr und mehr von der Höhe der bevorrechtigten Gläubiger überrascht. So erfahren diese meist erst bei Ausbruch der Zahlungsunfähigkeit von den schon früher bestehenden Schwierigkeiten des Unternehmens, die durch Steuerkredite verdeckt wurden. Dann trifft heftige Kritik auf das Verhalten der Finanzverwaltung.

Die Vorwürfe sind meist nicht unberechtigt. Der Finanzverwaltung stehen Unterrichtungsmöglichkeiten über die Situation des Steuerschuldners zur Verfügung, die kein anderer Gläubiger besitzt. So erhält das Finanzamt mit den Steuererklärungen die Jahresbilanzen nebst Gewinn- und Verlustrechnungen der Steuerpflichtigen. Es kann sich aus den monatlichen Umsatzsteuervoranmeldungen einen Überblick über die Umsatzentwicklung des Schuldners verschaffen und hat endlich die sehr weitgehenden Möglichkeiten der Unterrichtung durch eine Betriebsprüfung oder Nachschau. Wenn also die Finanzämter die beste Einblicksmöglichkeit haben, dann fragen sich die nichtbevorrechtigten Gläubiger, wie es dazu kommen kann, daß die bevorrechtigten Steuerforderungen in den Verfahren so hoch sind, und warum die Finanzverwaltung in Kenntnis der aussichtslosen Lage des Schuldners nicht in einem Zeitpunkt Konkursantrag stellte, in dem die nichtbevorrechtigten Gläubiger vor größeren Ausfällen bewahrt geblieben wären.

Die Vermutung muß sich aufdrängen, daß die Finanzverwaltung wegen des ihr eingeräumten Konkursvorrechts nicht aktiv tätig wird. Die ihr zugestandene bevorzugte Befriedigung mindert ihr Interesse an den insolventen Schuldnern. Dazu wird geltend gemacht, daß im Hinblick auf das Konkursvorrecht Stundungen seitens der Finanzämter oft manchmal reichlich weitgehend ausgesprochen werden[102], die „nach außen eine tatsächlich nicht bestandene Prosperität und Kreditwürdigkeit des Unternehmens vortäuschen"[103]. Hierzu macht die Finanzverwaltung geltend, daß sie die Unterrichtungsmöglichkeiten kaum nutzen könne, da die Dienststellen personalmäßig so schwach besetzt seien, daß eine laufende Kontrolle der Steuerpflichtigen nach den angeführten Gesichtspunkten nicht möglich sei. Auch sei der Wert der Unterrichtungsmöglichkeiten zweifelhaft, da lediglich die Umsatzsteuervoranmeldungen zeitnah abgegeben werden, die Einreichung der

---

[102] Jaeger-Lent, Konkursordnung, a.a.O., S. LVIII: „Man macht ja gar nicht selten die merkwürdige Erfahrung, daß kleine Steuerbeträge von kleinen Leuten mit Strenge eingezogen werden, während bei größeren Unternehmungen große Beträge gestundet werden, ohne daß damit der schließliche Zusammenbruch vermieden würde."
[103] Weynen, W., a.a.O., in: Betriebsberater 1951, S. 453.

Bilanzen und Gewinn- und Verlustrechnungen mit einer derzeit normalerweise bis zu zehn[104] Monaten betragenden Zeitdifferenz zum Bilanzstichtag erfolgt und die Betriebsprüfungen erst nach bis zu fünf Jahren nach den Bilanzstichtagen durchgeführt werden.

Die Einwände kennzeichnen die Situation. Die Finanzverwaltung ist zweifellos ungenügend besetzt, was auch schon darin zum Ausdruck kommt, daß die in der Reichsabgabenordnung vorgesehenen Termine für die Abgabe der Jahressteuererklärungen und die Durchführung der Betriebsprüfungen nicht eingehalten werden. Dieser Personalmangel kann aber kein Grund sein, die Verwaltung ihrer Verpflichtungen zu entheben. Eine aktive Tätigkeit der Finanzämter ist also zur Vermeidung von größeren Insolvenzverlusten notwendig. Auf dem Konkursvorrecht könnte aus diesem Grunde nicht bestanden werden. Andererseits würde eine Einschränkung oder der Wegfall des Vorrechts die Verwaltung zwingen, diesen Fällen mehr Aufmerksamkeit im Interesse aller Gläubiger zu schenken.

Es hindern die Finanzämter aber auch verwaltungsmäßige Gründe, rechtzeitig bei insolventen Schuldnern einzugreifen. Die Finanzämter benötigen für die Stellung eines Konkursantrages die Genehmigung des Oberfinanzpräsidenten. Diese ist ohne ausführlichen Bericht nicht zu erhalten. Sowohl die Abfassung des Berichtes, die Abstimmung innerhalb des Finanzamtes, wie die Bearbeitung des Berichts bei der Oberfinanzdirektion nehmen einige Zeit in Anspruch. Zwar darf der Konkursantrag auch ohne vorherige Genehmigung der Oberfinanzdirektion gestellt werden, aber nur wenn Gefahr im Verzuge ist. Aber auch diese Bestimmung ist nicht geeignet, eine Verzögerung zu vermeiden, da wegen der strengen Anforderungen in der Praxis doch die Oberfinanzdirektion befragt würde. Die Finanzämter scheuen sich auch, Konkursanträge selbst zu stellen. Aus psychologischen Gründen möchten die Finanzbehörden nicht als Antragsteller in die Öffentlichkeit treten. Bestünde das fiskalische Konkursvorrecht nicht, so wäre die Finanzverwaltung eher genötigt, auch Konkursanträge zu stellen, was aus Gründen der Unterrichtung der Öffentlichkeit über die Anlässe von Insolvenzen kein Nachteil wäre. So schließt sie sich eher von anderer Seite beantragten Verfahren durch Anmeldung ihrer Forderungen an. Bei den Untersuchungen des Verfassers wurde in keinem Falle seitens der Finanzverwaltung Konkursantrag gestellt. Auch ansonsten ist dem Verfasser kein Fall eines Konkursantrages der Finanzverwaltung bekannt geworden, obwohl mehrere Beamte westdeutscher Oberfinanzdirektionen und Finanzämter sowie mehrere Rechtsanwälte

---

[104] Die allgemeine Abgabefrist der Steuererklärungen 1959 läuft bis zum 31. Mai 1960; den steuerberatenden Berufen ist eine Verlängerung dieser Frist bis zum 31. Oktober 1960 gewährt worden.

und Treuhänder mit langjähriger Insolvenzpraxis in dieser Frage konsultiert wurden.

Das Zögern der Finanzverwaltung ist aber nachteilig. Eine rechtzeitige Konkursanmeldung schützt die nichtbevorrechtigten Gläubiger, die keine Kenntnis von den Steuerrückständen haben, vor weiteren Krediten, die verloren sind und schließlich nur zur Befriedigung der bevorrechtigten Forderungen auch des Fiskus die Mittel liefern. Es ergibt sich hieraus die paradoxe Feststellung, daß dieses Zögern sogar im Interesse der Finanzverwaltung läge. Soweit gehen allerdings die fiskalischen Bestrebungen der Verwaltung nicht, obwohl das Ergebnis in einer Reihe von untersuchten Fällen eintraf.

So kann also festgestellt werden, daß das dem Fiskus eingeräumte Konkursvorrecht die Finanzverwaltung beeinflussen kann, ihre Aktivität nicht so sehr auf die Überwachung insolventer Schuldner zu richten.

Umgekehrt kann also gewiß gesagt werden, die Aufmerksamkeit der Finanzverwaltung wäre sicherlich größer, wenn das Konkursvorrecht eingeschränkt wäre oder nicht bestünde. Es muß dann von der Verwaltung gefordert werden, daß sie die ihr zu Gebote stehenden Unterrichtungsmöglichkeiten nützt und rechtzeitig Konkursanträge stellt, wenn das notwendig ist. Auch wäre die Stundungspraxis so zu handhaben, daß die Steuerschulden in einem angemessenen Verhältnis zu den Gesamtverbindlichkeiten des Schuldners stehen. Eine falsche Beurteilung der Verhältnisse des Gemeinschuldners durch die Finanzverwaltung dürfte zu keinen durch das Vorrecht begründeten Nachteilen für die übrigen Gläubiger führen.

Vierter Teil

Die heute angewandten Mittel und die Vorschläge zur Ausschaltung der negativen Folgen des fiskalischen Konkursvorrechts

Erstes Kapitel

Die Möglichkeiten der Finanzverwaltung

1. Verzicht auf die Anmeldung des Konkursvorrechts nach § 61 Ziff. 2 KO

Verfahrensmäßig ist der Fiskus im Konkursverfahren den anderen Gläubigern gleichgestellt. Das bedeutet, daß er seine Forderung wie jeder andere Gläubiger anmelden muß. Dabei bedarf es auch der Angabe des beanspruchten Vorrechts, wenn dieses geltend gemacht werden soll. Ohne Antrag kann also kein Vorrecht bewilligt werden[1].

Daraus folgt, daß auf das Vorrecht verzichtet werden kann, indem der Gläubiger die besondere Vorrechtsanmeldung unterläßt. Er gibt damit lediglich die Inanspruchnahme einer gesetzlichen Gunst auf[2]. Hieraus wieder ergibt sich, daß sogar durch rechtsgeschäftlichen Akt der Gläubiger sich verpflichten kann, das Vorrecht im Konkurse nicht zu beanspruchen[3].

Diese Möglichkeit bietet sich also der Finanzverwaltung, wenn sie ihr Entgegenkommen in einem Konkursverfahren zeigen wollte. Im Vergleichsverfahren ist ihr nach herrschender Meinung und einer Entscheidung des Reichsgerichts[4] diese Möglichkeit nicht gegeben. Entgegen der von Rieger[5] vertretenen Auffassung haben die Vorrechtsgläubiger im Vergleichsverfahren keine verfahrensmäßige Stellung. Durch einen Verzicht auf das Vorrecht können sie nicht Vergleichsgläubiger werden, bietet doch § 26 Abs. 1 VglO einem Verzicht keinen Raum.

---

[1] RG. 20, 42.
[2] Jaeger-Lent, Konkursordnung, a.a.O., S. 843.
[3] Jaeger, E., Lehrbuch des Deutschen Konkursrechts, a.a.O., S. 223.
[4] RGZ 129, 228.
[5] Rieger, a.a.O., in: Betriebsberater 1953, S. 786 ff.

Da nun andererseits die Finanzverwaltung im Konkursverfahren im Gegensatz zum Vergleichsverfahren wenig Neigung zu Zugeständnissen zeigt, wird die ihr gebotene Möglichkeit wenig genutzt. Bei den Untersuchungen des Verfassers kam der Fall einmal in einem Zwangsvergleich vor, in dem die bevorrechtigten Forderungen gering waren. Mehrmals allerdings wurde die Anmeldung des Vorrechts mit der Anmeldung von Forderungen selbst unterlassen, insoweit Säumniszuschläge und Kosten entstanden waren. Die Beträge waren zwar jeweils gering, doch entsprachen diese Fälle der der Finanzverwaltung gebotenen Möglichkeit.

So muß also festgestellt werden, daß die Ausnutzung dieser Möglichkeit seitens der Finanzverwaltung nur selten erfolgt und insofern keine Milderung der Härten des fiskalischen Konkursvorrechts in wesentlichem Umfange eintritt.

2. Der Billigkeitserlaß von Steuern auf Grund von § 131 AO

Die Reichsabgabenordnung hat der Finanzverwaltung eine weitere Möglichkeit gegeben, Härten des fiskalischen Konkursvorrechts durch Erlaß von Steuern oder Steuerteilbeträgen zu mildern. Hiervon wird auch in gewissem Umfange Gebrauch gemacht, allerdings engen die besonderen Voraussetzungen für einen Erlaß nach § 131 AO eine umfassende Anwendung ein.

So wird als Voraussetzung für einen Erlaß seitens der Finanzverwaltung verlangt, daß alle Gläubiger am Nachlaß teilnehmen, keine Sondervorteile an einzelne Gläubiger oder den Schuldner gewährt werden, daß auch die anderen Vorrechtsgläubiger gleichen oder nachgeordneten Ranges einen entsprechenden Nachlaß gewähren, daß der Nachlaß dem Schuldner zugute kommt, daß der Betrieb im bisherigen Umfange fortgeführt wird und daß der Schuldner erlaßwürdig ist.

Dieser Katalog von Voraussetzungen begrenzt natürlich stark die Fälle staatlicher Maßnahmen in Insolvenzfällen. So werden die Fälle des Liquidationsvergleichs und des Konkurses von vornherein von jeglicher Erlaßmöglichkeit ausgeschlossen, weil die Voraussetzung der Fortführung des Betriebes fehlt. Viele Schwierigkeiten bringt auch die geforderte Voraussetzung mit sich, der Nachlaß dürfe nur dem Schuldner zugute kommen. Die Finanzverwaltung nimmt keinen Einfluß auf die Quote. Oft aber wird durch den Erlaß der Finanzverwaltung erst die Voraussetzung für einen Vergleich geschaffen, da sonst nicht die Mindestquote erreicht werden würde. In diesen Fällen kommt der Nachlaß auch den Gläubigern zugute. Insofern müßte die Finanzverwaltung Bedenken gegen den Erlaß haben, hat aber den Vorteil des Schuldners und die Fortführung seines Betriebes vorangestellt und gewährt vorwiegend dann doch den Erlaß. In diesen Fällen läßt sich die Verwaltung also wenigstens in gewissem Umfange auch von objektiven Gesichtspunkten leiten.

Streng subjektiv betrachtet sie aber die Erlaßwürdigkeit des Schuldners, die unbedingtes Erfordernis eines Erlasses ist. Es kann ein Betrieb auf Grund seiner wirtschaftlichen Lage erhaltungswürdig sein, es können die sozialen Gesichtspunkte der Arbeitsplatzerhaltung und der Einsparung von Unterstützungszahlungen noch so beachtlich sein, schließlich können die Auswirkungen eines Konkurses bei gewissen nicht bevorrechtigten Gläubigern noch so gravierend sein, wenn die Erlaßwürdigkeit des Schuldners nicht gegeben ist, ist die Finanzverwaltung nicht geneigt, einen Erlaß von Steuern auszusprechen. Die Beurteilung der Erlaßwürdigkeit orientiert sich nur an der Person des Schuldners. Es gibt außerdem keine fest umgrenzte Definition, was nun unter einem erlaßwürdigen Schuldner zu verstehen ist, die Entscheidungen gehen von einer Würdigung der gesamten Verhältnisse aus. Die Erlaßwürdigkeit ist nicht gegeben bei Schuldnern, die sich Ordnungswidrigkeiten zuschulden kommen ließen. Nicht ohne weiteres ist z. B. eine nicht ordnungsgemäße Buchführung ein Grund zur Verweigerung der Erlaßwürdigkeit. Tritt dazu aber die mangelnde Bereitschaft des Schuldners, die Fehler zu beseitigen, oder die Verschleierung von Einkommens- oder Vermögensverhältnissen, so kann die Erlaßwürdigkeit versagt werden.

Die Voraussetzung, daß alle Gläubiger am Vergleich teilnehmen, niemand Sondervorteile gewährt werden und auch die Vorrechtsgläubiger gleichen oder nachgeordneten Ranges sich am Vergleich beteiligen, dürfte meist gegeben sein. Hier ergibt sich nur die Frage, wie die Kleingläubigerregelungen zu beurteilen sind, die in den Vergleichsvorschlägen enthalten sind, und meist eine volle Befriedigung von Gläubigern mit Forderungen bis zu einer bestimmten Höhe vorsehen. Diese Regelungen werden von der Finanzverwaltung nur gebilligt, wenn die Höhe der voll zu befriedigenden Forderungen im Einzelfalle 100,— DM nicht übersteigt. Eine Kleingläubigerregelung, die die volle Befriedigung der Forderungen bis zu 100,— DM vorsieht, kann also ohne Bedenken vorgeschlagen werden.

Nachteilig an der Erlaßregelung der Finanzverwaltung ist die Tatsache, daß diese zwar ihre Forderungen auf den Betrag der Vergleichsquote ermäßigt, wenn die entsprechenden Voraussetzungen vorliegen, andererseits aber die Zahlung dieses ermäßigten Betrages sofort verlangt. Während die anderen Gläubiger sich noch oft über zwei Jahre hinaus gedulden müssen, gibt die Finanzverwaltung nur in ganz besonderen Fällen ein Zahlungsziel von zwei bis drei Monaten. Dabei sind fällige Lohnsteuern ohne Nachlaß sofort zu entrichten.

Es muß also festgestellt werden, daß die Ausnutzung der Erlaßmöglichkeit des § 131 AO durch die Finanzverwaltung längst nicht sämtliche Härten der Vorrechtsregelung des § 61 Ziff. 2 KO beseitigen kann. Die Anwendung nur für Fälle, bei denen bestimmte Voraussetzungen vorliegen, begrenzen die Milderungsmöglichkeit der Härten des Konkursvorrechts doch sehr. Auch die Tatsache, daß die Entscheidung über solche Erlaßanträge in das Ermessen der Finanzverwaltung gestellt ist, trägt nicht dazu bei, in den Möglichkeiten des § 131 AO einen Ausgleich für die Härten des § 61 Ziff. 2 KO zu sehen. Der Ansatzpunkt für die Milderung dieser Härten darf nicht in der Reichsabgabenordnung gesucht werden, sondern dort, wo die Härte verursacht wird, nämlich in der Konkursordnung.

Zweites Kapitel

Die Möglichkeiten der Gläubiger

Die bittere Erfahrung, die manche Gläubiger bei Insolvenzen machen mußten, nämlich daß nach Bezahlung der Masseschulden und -kosten und der Vorrechtsforderungen des 1. bis 5. Ranges für die nicht bevorrechtigten Gläubiger nichts mehr übrig blieb, hat die Gläubiger zu Auswegen aus diesem Dilemma gezwungen. Es ist eine alte Tatsache, daß die wirtschaftliche Vernunft eigene Lösungen sucht und findet, wenn die Rechtsordnung ihren Schutzinteressen nicht Rechnung trägt.

Die einseitige Bevorzugung des Fiskus im Konkursverfahren durch die Gewährung des Vorrechts nach § 61 Ziff. 2 KO hat in der Wirtschaft den Zug zu den dinglichen Rechten wirksam werden lassen. Die erste Reaktion auf das fiskalische Konkursvorrecht war der Eigentumsvorbehalt noch nicht bezahlter Waren. Damit hatte der Lieferant im Konkursfalle ein dingliches Recht, das ihn zur Aussonderung gemäß § 43 KO berechtigte. Die Wirtschaft hatte sich damit eine stärkere Sicherung verschafft als der Staat sie mit dem Konkursvorrecht innehatte.

Diese Sicherung konnte sich verständlicherweise nur auf die Waren beziehen, die der Schuldner jeweils auf Lager hatte. Hatte er allerdings die Waren weiterveräußert, so blieb dem Gläubiger nichts von der Sicherheit, er stand wiederum so da wie ein nicht bevorrechtigter Gläubiger. Die Lösung brachte also einen Vorteil, konnte die Wirtschaft aber nicht restlos befriedigen.

Damit gaben sich die Gläubiger dann auch nicht zufrieden. Die Rechtsstellung des Aussonderungsgläubigers im Konkurs sollte verbreitert werden, und so fand sich die Lösung eines „verlängerten" Eigentumsvorbehaltes. Die Regelung, meist vereinbart in den allgemeinen Lieferungsbedingungen, sieht vor, daß die künftigen Forderungen aus dem Weiterverkauf der Waren an den Lieferanten abgetreten werden. Die Rechtswirksamkeit derlei Vereinbarungen ist nicht zweifelsfrei. Es ist für die Anerkennung eines Aussonderungsanspruchs erforderlich, daß die Forderungen hinsichtlich ihres Gegenstandes und Umfanges für jeden denkbaren Fall hinreichend bestimmt sein müssen[6].

Auf die Abfassung von Klauseln muß also besonderes Augenmerk gelenkt werden. Das Aussonderungsrecht verbreitert also die Sicherung der Warenlieferanten.

Eigentumsvorbehalt und verlängerter Eigentumsvorbehalt betreffen nur die Warenlieferanten, die allerdings stets zu den betroffenen Gläubigern gehören. Aber auch die anderen Gläubiger haben sich nach der stärkeren Rechtsposition des dinglich Gesicherten umgesehen. Das hat den völligen Niedergang des Personalkredits mit sich gebracht. Heute verlangen nicht nur die Banken dingliche Sicherheiten, sondern auch die übrigen Gläubiger. So kommt es, daß die Sicherungsübereignungsverträge über die Anlagegegenstände neben den Grundpfandrechten stark in den Vordergrund treten, dazu noch die Forderungsabtretungen, einzeln und global, offen oder still. Nur die Ausschöpfung des Kreditvolumens erzwingt heute teilweise noch die Gewährung von Personalkrediten.

Die Kritik einsichtiger Wirtschaftskreise richtet sich heute genauso gegen diese voranschreitende Praxis des Verlangens dinglicher Sicherheiten wie gegen das Konkursvorrecht. Beides hat den Personalkredit, der hervorstechendes Merkmal einer florierenden Kreditwirtschaft ist, völlig unterhöhlt. So kommt es zur Forderung nach einer Überprüfung des gesamten Fragenkomplexes auf dem 41. Deutschen Juristentag.

Die Wege, die die Gläubiger zur Umgehung des Konkursvorrechts des Fiskus beschritten haben, sind für diese zwar zweckmäßig, stellen sich aber gesamtwirtschaftlich nicht vorteilhaft dar. Die Beseitigung des Personalkredits bringt eine empfindliche Störung der Kreditwirtschaft mit sich. Es ist zu empfehlen, daß diese nachteiligen Auswirkungen, die die Umgehungsformen des fiskalischen Konkursvorrechts im Gefolge hatten, durch eine Revision des § 61 Ziff. 2 KO wieder langsam zurückgedrängt werden.

Drittes Kapitel

Der Vorschlag der Senkung der Steuerbelastung

Die Feststellung, daß in den Zeiten, als die Steuersätze noch recht gering gegenüber heute waren, das fiskalische Konkursvorrecht bei den einzelnen Verfahren überhaupt nicht besonderes Gewicht hatte, hat

---
[6] Betriebsberater 1955, S. 811.

einzelne Kritiker des § 61 Ziff. 2 KO bewogen, die Problematik auf rein steuerlichem Gebiet zu sehen. Man fordert eine Senkung der Steuertarife, damit die negativen Folgen des fiskalischen Konkursvorrechts beseitigt würden[7].

Gewiß ist die Steigerung des öffentlichen Finanzbedarfs ein Hauptgrund dafür, daß bei der gleichzeitigen Erhöhung der Steuerbelastung das fiskalische Konkursvorrecht mehr und mehr in Erscheinung trat. Die Steuerbelastung pro Kopf der Bevölkerung betrug 1892 in Baden nur 2,95 Mk., in Hamburg allerdings schon 16,78 Mk.[8]. Vor dem ersten Weltkrieg, 1913, stieg sie auf 108 Mark im Deutschen Reich, während sie vor dem zweiten Weltkrieg 1938 bereits 513 RM ausmachte und nach diesem Kriege (1952) weiter auf 748 DM anstieg[9]. Diese Entwicklung zeigt auch deutlich auf, in welchem Umfange die negativen Auswirkungen des fiskalischen Konkursvorrechts wirksam wurden.

Kann man aber diese dadurch beseitigen, daß man die Steuerbelastung senkt? Diese Frage kann getrost bejaht werden. Wer es vermöchte, die Steuerbelastung wieder auf den Stand von nur vor dem zweiten Weltkrieg zurückzuführen, könnte gewiß sein, daß die Bedeutung des fiskalischen Konkursvorrechts für die einzelnen Verfahren wieder gering würde. Dessen negative Einflüsse wären weitgehend beseitigt. Aber diese Betrachtung ist wenig wirklichkeitsnah. Die Steuerbelastung wird nicht gesenkt werden, sondern man wird eher eine weitere Erhöhung vornehmen müssen. Abgesehen von dem infolge der fortschreitenden Technik ständig steigenden Bedarf des Verteidigungshaushalts liegt der Hauptgrund dieser Entwicklung an den ständig steigenden Sozialausgaben. So ist der Vorschlag, die negativen Folgen des fiskalischen Vorrechts durch eine Senkung der Steuerbelastung zu erzielen, wohl theoretisch beachtlich, in der Praxis aber nicht durchführbar.

Viertes Kapitel

Der Vorschlag der Abschaffung des fiskalischen Konkursvorrechts

So fordern denn die Kreise der Wirtschaft die völlige Abschaffung des § 61 Ziff. 2 KO[10]. Aber auch so ein bedeutender Experte wie Ernst Jaeger betont, daß vor allem das Steuervorrecht seine Daseinsberechti-

---

[7] z. B. Mentzel, F., Kommentar zur Konkursordnung, a.a.O., Anm. 1 vor § 1.
[8] Entnommen aus: Annalen des Deutschen Reichs, a.a.O., München 1902, S. 863.
[9] Schmölders, G., Finanzpolitik, a.a.O., S. 127.
[10] Vgl. Höver, Zur Rechtserneuerung im Konkursrecht, a.a.O., S. 515.

gung verloren habe[11], was er mit dem „Wandel der gesellschaftlichen und rechtlichen Gestaltung unseres Lebens" begründet.

Der Verfasser hat in seiner Darstellung von Rechtfertigung und Kritik des Konkursvorrechts des Fiskus dargelegt, daß bedeutende Gründe gegen die Beibehaltung des fiskalischen Konkursvorrechts sprechen. Dennoch müssen einige Gesichtspunkte Berücksichtigung finden, die einer völligen Beseitigung entgegenstehen. Der Fiskus hat, anders als alle übrigen Gläubiger, keinen Einfluß auf die Entstehung seiner Forderung überhaupt. Seine Gläubigerstellung ergibt sich auf Grund gesetzlichen Zwanges. Insofern hat er vor allem auch keinen Einfluß auf die Fixierung des ersten Fälligkeitstermins. Für die Zeit zwischen Entstehung und Fälligkeit, die ebenfalls gesetzlich festgelegt ist, hat er keine Sicherungsmöglichkeit. Insofern besteht für diese Zeitspanne sein Schutzbedürfnis.

Diese Überlegungen lassen eine völlige Abschaffung des fiskalischen Konkursvorrechts trotz aller Bedenken vorerst nicht ratsam erscheinen. Eine Übergangsregelung ist daher anzustreben. Vielleicht kann diese dann die Bedeutung des ganzen fiskalischen Konkursvorrechts so abschwächen, daß der nächste Schritt, nämlich die Abschaffung des Vorrechts, auch vom Fiskus selbst hingenommen werden kann.

Fünftes Kapitel

Der Vorschlag der Einschränkung des fiskalischen Konkursvorrechts

So bietet sich denn die Möglichkeit der Einschränkung des Konkursvorrechts des Fiskus an. Diese Forderung wurde von vielen Autoren vertreten, meist ohne konkrete Vorschläge, oft mit Vorschlägen, aber ohne nähere Begründung derselben. So wird eine Einschränkung des Vorrechts nach § 61 Ziff. 2 KO gefordert von Knorr[12], von Weiß[13] und von Jaeger-Lent[14]. Eine Verkürzung der Einjahresfrist, in der die Steuerforderungen fällig sein müssen, um bevorrechtigt zu sein, auf 3 Monate verlangen Künne[15] und Weynen[16]. Ball schlägt vor, daß die Finanzverwaltung auf die Hälfte ihrer Forderungen verzichtet und die Gläubiger den Massekostenvorschuß zahlen[17]. Bredow und Christiansen

---

[11] Jaeger, E., Lehrbuch des Deutschen Konkursrechts, a.a.O., S. 64.
[12] Knorr, E., Liquiditätsschwierigkeiten und Steuerrecht, a.a.O., S. 183.
[13] Weiß, F., Die Handhabung und Reform der Vergleichsordnung, a.a.O., S. 297.
[14] Jaeger-Lent, Konkursordnung, a.a.O., S. LVIII.
[15] Künne, K., Außergerichtliche Vergleichsordnung, a.a.O., S. 99.
[16] Weynen, W., Reformbedürftiges Konkursrecht, a.a.O., S. 454.
[17] Ball, K., Konkurse und Finanzämter, Auszüge aus einer Veröffent-

vertreten die Auffassung, daß, wenn finanzpolitische Überlegungen zur Beibehaltung des Konkursvorrechts führen, nicht die Fälligkeit, sondern die Entstehung für die Berechnung der Einjahresfrist des § 61 Ziff. 2 KO maßgebend sein soll[18].

Diese Vorschläge haben keine Begründung. Sie sind wohl entstanden unter Abwägung der Interessen der beteiligten Parteien, der nicht bevorrechtigten Gläubiger und des Fiskus. Der Verfasser wird nachstehend seinen Vorschlag zur Einschränkung des fiskalischen Konkursvorrechts darlegen und diesen Vorschlag begründen.

Der Vorschlag muß dem Ergebnis der angestellten Untersuchungen Rechnung tragen. Dabei ist also zu berücksichtigen, daß der Fiskus als Gläubiger auf Grund des Gesetzes auftritt, seine Gläubigerstellung also Zwangscharakter hat. Diese Stellung unterscheidet ihn von allen übrigen Gläubigern. Des weiteren muß beachtet werden, daß teilweise die begründeten oder entstandenen Forderungen des Fiskus auf Grund von Gesetzesvorschriften erst später fällig werden, also der Fiskus für diese Ansprüche ein Schutzbedürfnis hat.

Dem steht gegenüber, daß die Gefahr besteht, daß die Institution des Konkurses entwertet wird und daß Rechts- und Wirtschaftsordnung weiter auseinanderklaffen. Es sind zu berücksichtigen die negativen Einflüsse des fiskalischen Konkursvorrechts auf den Konjunkturverlauf in der Depression, die möglichen Störungen, die auf die Volkswirtschaft einwirken können und die schlechte Auswirkung, die vom Konkursvorrecht des Fiskus auf die Kreditwirtschaft ausgeht. Auch darf nicht vergessen werden, daß dem Fiskus andere Sicherungsmöglichkeiten zur Verfügung stehen, daß trotz gewisser Zugeständnisse der Finanzverwaltung die nicht bevorrechtigten Gläubiger selbst in Schwierigkeiten kommen können, daß das Interesse des Fiskus an den Verfahren gering ist, andererseits aber auch die nicht bevorrechtigten Gläubiger in ihrer Aktivität gelähmt werden. Das fiskalische Denken der Finanzverwaltung muß einbezogen werden in den Vorschlag wie auch die Nachteile von Verzögerungen von Insolvenzen. Schließlich aber muß festgehalten werden, daß jedes Konkursvorrecht eine Benachteiligung der nachrangigen Gläubiger mit sich bringt, diese Gläubiger also indirekt die Steuern des Gemeinschuldners tragen.

Alle diese Ergebnisse konnten Berücksichtigung finden, nur die letzte Feststellung nicht. Solange nämlich ein fiskalisches Vorrecht existiert, wird diese negative Auswirkung nicht zu beseitigen sein. Allen anderen Gesichtspunkten wird mit dem Vorschlag weitgehend Rechnung getra-

---

lichung in den Mitteilungen der Industrie- und Handelskammer, Berlin, in Konkurs- und Treuhandwesen 1927, S. 127.
[18] Bredow und Christiansen, Zur Frage der Reformbedürftigkeit der Konkursvorrechte, a.a.O., S. 23.

gen. Die Argumente für und gegen das fiskalische Vorrecht verlieren bei seiner Durchsetzung mehr oder minder an Gewicht.

Eines aber soll noch gesagt werden, die vorgeschlagene Einschränkung kann nur ein Stück des Weges sein, an dessen Ende die Abschaffung des fiskalischen Vorrechtes steht. R. Koch hat 1868 die Worte gefunden: „Eine weitere Einschränkung des fiskalischen Vorrechts scheint uns demnach nur eine Frage der Zeit[19]." Hoffentlich ist diese Zeit jetzt angebrochen, so daß sich nicht Künnes Befürchtung bewahrheitet, in Jahrhunderten werde sich an dem fiskalischen Vorrecht nichts ändern[20].

Die seitens des Verfassers vorzuschlagende Fassung des § 61 Ziff. 2 KO lautet:

„2. die Forderungen des Bundes, der Länder und der Gemeinden wegen öffentlicher Abgaben, und zwar bei Vorauszahlungen, soweit sie drei Monate vor der Eröffnung des Verfahrens entstanden sind, bei Abschlußzahlungen, soweit sie 9 Monate vor der Eröffnung des Verfahrens entstanden sind und bei Nachzahlungen infolge Betriebs- oder Fahndungsprüfungen, soweit sie 3 Jahre und 9 Monate vor Eröffnung des Verfahrens entstanden sind."

Der Vorschlag bringt als wesentlichste Änderung, daß für die Frage des Vorrechts die Entstehung der Forderung und nicht deren Fälligkeit maßgebend ist. Nur hinsichtlich der entstandenen Forderungen, die noch nicht fällig sind, ist das Schutzbedürfnis des Fiskus gegeben. Die vorgeschlagenen Fristen sind ausreichend, um diesem Bedürfnis Rechnung zu tragen. Die Fälligkeiten der Vorauszahlungen sind durchweg gesetzlich festgelegt. Die Zeit zwischen ihrer Entstehung und ihrer Fälligkeit wird durch die vorgeschlagene Zeitspanne von 3 Monaten großzügig geschützt. Forderungen des Fiskus aus Abschlußzahlungen oder infolge Betriebs- oder Fahndungsprüfungen werden fällig einen Monat nach Bekanntgabe des Bescheides. Die vorgeschlagene Zeitspanne von 9 Monaten bzw. 3 Jahren und 9 Monaten trägt auch hier dem Schutzbedürfnis des Fiskus für die Zeit zwischen Entstehung und Fälligkeit seiner Forderungen Rechnung. Der Verwaltung wird jeweils ein Zeitraum von 9 Monaten für die Erledigung der Veranlagungsarbeiten gewährt. Diese Zeit müßte ausreichend sein, um den Fiskus vor Insolvenzverlusten zu schützen. Ein Verlust des Vorrechts wegen Überschreitung dieser Zeit ist ohne weiteres im Interesse einer beschleunigten Abwicklung der Verfahren und zu deren Klarheit erforderlich und insofern auch gerechtfertigt. Die Frist von 9 Monaten ist den heutigen Verhältnissen angepaßt, bei einer Zurückführung der Abgabetermine für die Steuererklärungen auf die in der Reichsabgabenordnung festgelegten Termine würde eine Verkürzung ins Auge

---
[19] Koch, R., Zur Reform des Preußischen Konkursrechts, a.a.O., S. 59.
[20] Künne, K., Außergerichtliche Vergleichsordnung, a.a.O., S. 99.

gefaßt werden können. Damit ist der Vorschlag den Interessen des Fiskus, auch aus seiner zwangsweisen Gläubigerstellung, entgegengekommen. Eine Ausdehnung des Vorrechts auf kreditierte Beträge erschien nicht notwendig, da es sich bei der Entscheidung über Stundungen und Aussetzungen um echte Ermessensentscheidungen der Finanzämter handeln soll. Diese aber bedürfen keiner besonderen Rückdeckung für den Fall einer Fehlentscheidung.

Den Argumenten der Kritiker des fiskalischen Konkursvorrechts nimmt der Vorschlag die Wirkung, weil er sämtliche negativen Auswirkungen des fiskalischen Konkursvorrechts abschwächt, so daß diese ungünstigen Einflüsse eine so untergeordnete Rolle spielen, daß sie zunächst in Kauf genommen werden können. Eine Gefährdung des Konkurses als Institution ist gebannt, Rechts- und Wirtschaftsordnung können durch das Vorrecht nicht wesentlich auseinandergebracht werden, empfindliche Störungen des Konjunkturablaufs, der Volkswirtschaft wie der Kreditwirtschaft können nicht eintreten, die nicht bevorrechtigten Gläubiger können aufatmen und zeigen größeres Interesse ebenso wie die Finanzbehörden, die Schärfe ist der ganzen Bestimmung durch ihre Rückführung auf einen vernünftigen Rahmen genommen.

Sicherlich soll dies nur der erste Schritt sein. Möge der zweite dann nicht so lange auf sich warten lassen wie der erste!

An den Schluß seien die Worte von Hagens gestellt: „Die Beseitigung aller Vorrechte muß das Ziel sein, welches die Gesetzgebung nicht aus den Augen verlieren darf." (Motive II, S. 238.)

Literaturverzeichnis

Annalen des Deutschen Reiches für Gesetzgebung, Verwaltung und Volkswirtschaft, begründet von Hirth und Seydel, Jg. 1877, Jg. 1881 (Leipzig), Jg. 1902 (München).
Amonn, Alfred: Grundsätze der Finanzwissenschaft, Bern 1947.
Bley: Vergleichsordnung, 2. Aufl., Berlin 1955.
Böhle-Stamschräder: Konkursordnung, München und Berlin 1950.
— Vergleichsordnung, 4. Aufl., München und Berlin 1957.
— Konkursordnung, 5. Aufl., München und Berlin 1958.
Brennecke, Fritz: Die konjunktursymptomatische Bedeutung des Konkurses, Berlin 1936.
Die gesamten Materialien zu den Reichsjustizgesetzen, herausgegeben von C. Hahn, Band 4: Die gesamten Materialien zur Konkursordnung und dem Einführungsgesetz zu derselben vom 1. Februar 1877 sowie zu dem Gesetze betreffend die Anfechtung von Rechtshandlungen eines Schuldners außerhalb des Konkursverfahrens vom 21. Juli 1879, Berlin 1881.
Die reformbedürftige Vergleichsordnung, herausgegeben vom Verband der Vereine Creditreform e. V. in Leipzig, Leipzig.
Eich, Jakob: Gemeindeabgaben im Vergleichs- und Konkursverfahren, Köln 1938.
Entwurf einer Deutschen Gemeinschuldordnung, Berlin 1873.
Entwurf einer Vergleichsordnung nebst Einführungsgesetz und Begründung, Berlin 1933.
Goltdammer: Kommentar und vollständige Materialien zur Konkursordnung vom 8. Mai 1855, 2. Ausg., Berlin 1858.
Gottschalk, M.: Die Abänderung der Deutschen Konkursordnung, Berlin 1895.
Holtfort, Hans-Günther: Bismarcks finanz- und steuerpolitische Auffassung im Lichte der heutigen Finanzwissenschaft, Würzburg 1937.
Huschke: Über den Census und die Steuerverfassung der früheren römischen Kaiserzeit, Berlin 1847.
Jaeger, Ernst: Die Konkursordnung auf der Grundlage des neuen Reichsrechts, Berlin 1902.
— Lehrbuch des Deutschen Konkursrechts, 8. Aufl., Berlin und Leipzig 1932.
— Kommentar zur Konkursordnung, 6. und 7. Aufl., Bd. 2, Berlin und Leipzig 1931.
Jaeger-Lent: Konkursordnung mit Einführungsgesetzen, 8. Aufl., Bd. 1, Berlin 1958.
Kaserer: Kommentar zur österreichischen Konkursordnung, Wien 1869.
Kiesow, Wilhelm: Kommentar zur Vergleichsordnung, 2. Aufl., Mannheim-Berlin-Leipzig 1928.
Koch, C. F.: Die Preußische Konkursordnung mit Kommentar, 2. Ausg., Berlin 1867.
Koch, R.: Zur Reform des Preußischen Konkursrechts, Berlin 1868.
Künne, Karl: Außergerichtliche Vergleichsordnung, 6. Aufl., München und Berlin 1955.
Limann-Schwarz: Kommentar zur Beitreibungsordnung, 1952.

Makower, H.: Zur Revision der Deutschen Konkursordnung, Berlin 1894.
Mentzel, Franz: Kommentar zur Konkursordnung, 6. Aufl., Berlin und Frankfurt am Main 1955.
Motive zu dem Entwurf einer Deutschen Gemeinschuldordnung, Berlin 1873, I. Bd.
Oetker: Konkursrechtliche Grundbegriffe, Stuttgart 1891.
Pagenstecher, Max: Der Konkurs, 2. Aufl., Berlin und München 1950.
Plückebaum-Malitzky: Umsatzsteuergesetz, 6. Aufl., Berlin 1956.
Rechtsvergleichendes Handwörterbuch für Zivil- und Handelsrecht des In- und Auslandes, 5. Bd., herausgegeben von Franz Schlegelberger, Berlin 1936.
Schäffer, Fritz: Ein Rechenschaftsbericht über die deutsche Finanzpolitik 1949—1953 (28. 1. 1953).
Schmölders, Günter: Allgemeine Steuerlehre, 3. Aufl., Berlin 1958.
— Finanzpolitik, Berlin-Göttingen-Heidelberg 1955.
Schönke-Baur: Zwangsvollstreckungsrecht und Konkursrecht, 6. Aufl., Karlsruhe 1956.
Scholz, Hugo: Der Konkurs vom betriebswirtschaftlichen Standpunkt, Frankfurt 1934.
Schwarze, W.: Zur Abänderung der Konkursordnung, Berlin 1894.
Seuffert, Lothar: Zur Geschichte und Dogmatik des Deutschen Konkursrechts, Nördlingen 1888.
Stemmer, Ernst: Konkurs und Wirtschaft, Basel 1952.
Vogels, Werner: Vergleichsordnung, 1935.
Vogels-Nölte: Vergleichsordnung, Berlin und Frankfurt 1950.
Wagner, A.: Vorschläge zur Umgestaltung der Reichsjustizgesetze, Berlin 1895.
Wagner, Adolph: Grundlegung der politischen Ökonomie, 3. Aufl., Teil 1, Leipzig 1892.

Aufsätze

Arbeitsergebnisse des 41. Deutschen Juristentages, Betriebsberater 1955, S. 811.
Ball, Kurt: Konkurse und Finanzämter, Konkurs- und Treuhandwesen 1927. S. 127.
Berges, A. M.: Die Vergleichsordnung in der Erprobung und Bewährung, Konkurs-, Treuhand- und Schiedsgerichtswesen 1955, S. 1.
— Die rechtlichen Grundlagen der Gläubigergleichbehandlung im Konkurs, Konkurs-, Treuhand- und Schiedsgerichtswesen 1957, S. 57.
— Große oder kleine Insolvenzrechtsreform, Konkurs-, Treuhand- und Schiedsgerichtswesen 1955, S. 49.
Berkenheide, Josef: Die Fälligkeit der Umsatzsteuer, Deutsche Steuerzeitung (A) 1955, S. 102 ff.
— Das OLG Karlsruhe und das Konkursvorrecht des Staates bei der Umsatzsteuer, Deutsche Steuerzeitung (A) 1955, S. 295 f.
Bredow und *Christiansen:* Zur Frage der Reformbedürftigkeit der Konkursvorrechte, Konkurs-, Treuhand- und Schiedsgerichtswesen 1959, S. 21.
Buchwald: Die Vermögensabgabe im Konkurs, Betrieb 1952, S. 1079.
Clarenz: Der bevorrechtigte Teil der Vermögensabgabe im Konkurs- und Vergleichsverfahren, Konkurs-, Treuhand- und Schiedsgerichtswesen 1955, S. 54.

Clarenz: Die Vermögensabgabe in Konkurs- und Vergleichsverfahren und bei sonstigem Vermögensverfall, Konkurs-, Treuhand- und Schiedsgerichtswesen 1955, S. 7.
Culemann, Hans: Das Konkursvorrecht des Steuerfiskus, Creditreform 1930, S. 247.
Endemann, W.: Die Entwicklung der Justizgesetzgebung des Deutschen Reiches in den Jahren 1879 und 1880, Annalen des Deutschen Reiches für Gesetzgebung, Verwaltung und Statistik 1881.
Flume, Werner: Die Abzugsfähigkeit der Vermögensabgabe bei der Einkommen- und Körperschaftsteuer, Betrieb 1952, S. 976.
Gierschmann, Albert: Steuerrechtliche Fragen im Konkursverfahren, Wirtschaftsprüfung 1950, S. 555.
Greiffenhagen: Hilferufe an den Gesetzgeber. Zur Denkschrift des Bundes Deutscher Steuerbeamten, Wirtschaftsprüfung 1957, S. 93 ff.
Gutzschebauch, G.: Einstellung des Konkursverfahrens mangels Masse, Betriebsberater 1950, S. 329.
György, Ernst: Steuerforderungen im Konkurse, Konkurs- und Treuhandwesen 1927, S. 105.
Heister: Der Konkursverwalter im Steuerrecht, Konkurs- und Treuhandwesen 1935, S. 117.
Heyden: Umsatzsteuerforderungen im Konkursverfahren, Umsatzsteuerrundschau 1954, S. 49.
Hodemacher, H.: Ursachen der Insolvenz, ihre Vermeidung und Heilung durch den Vergleich, Konkurs-, Treuhand- und Schiedsgerichtswesen 1956, S. 81.
Höver: Zur Rechtserneuerung im Konkursrecht, Deutsche Justiz 1935, S. 513.
Kleinfeller, Georg: Die Änderungen der Konkursordnung, Zeitschrift für Deutschen Zivilprozeß, Bd. XXV (Berlin 1899), S. 80.
Knorr, Ernst: Die Bedeutung der Fälligkeit öffentlicher Abgaben für ihr Konkursvorrecht, Konkurs-, Treuhand- und Schiedsgerichtswesen 1957, S. 1.
— Liquiditätsschwierigkeiten und Steuerrecht, Steuerberater-Jahrbuch 1949, S. 171.
Kuch: Die Hypothekengewinnabgabe als persönliche Abgabenschuld im Konkurs und Vergleich, Rundschau für den Lastenausgleich 1956, S. 121.
Lange: Die persönliche Hypothekengewinnabgabeschuld im Konkurs und Vergleich, Rundschau für den Lastenausgleich, 1956, S. 323.
Leitze: Der Einfluß der Personensteuer und Vermögensabgabe auf die Kreditwürdigkeit der Unternehmungen, Betriebswirtschaftliche Forschung und Praxis 1954, S. 311.
Liebisch, A.: Rechtspolitische und verfahrensrechtliche Bemerkungen zum Steuervorrecht im Konkurs, Zeitschrift für Deutschen Zivilprozeß, Bd. 62, S. 35.
Maaßen: Fälligkeit der Steuer und Konkursvorrecht, Finanzrundschau 1953, S. 149.
Mattern, G.: Das Vorrecht der Lohnsteuerforderungen im Konkurs des Arbeitgebers, Deutsche Steuerzeitung (A) 1951, S. 34.
— Vorrecht von Steuerforderungen im Konkurs des Steuerschuldners, Deutsche Steuerzeitung (A) 1953, S. 175.
Mittelbach: Konkursvorrecht für Steuernachforderungen, Finanzrundschau 1954, S. 404.
Mohrbutter und *Buchwald:* Die Lastenausgleichsabgaben im Vergleich und Konkurs, Betrieb 1952, S. 1079.

Müller, Hugo: Konkurs und Besteuerung, Deutsche Steuerzeitung (A) 1950, S. 158, 187, 206.

Nake: Das Konkursvorrecht der Steuerforderungen, Auswirkungen des Urteils des BGH vom 11. 7. 1952, Betriebsberater 1953, S. 350.

Oetker, Friedrich: Konkursrechtliche Probleme und neuere Konkursliteratur, Zeitschrift für Deutschen Zivilprozeß, Bd. XXV (Berlin 1899), S. 1.

Ostendorf: Die Vermögensabgabe im Konkurs von Personengesellschaften, Deutsche Steuerzeitung (A) 1953, S. 262.

Oswald: Konkurs und Umsatzsteuer, GmbH-Rundschau 1955, S. 224.

— Nochmals: Konkurs und Umsatzsteuer, GmbH-Rundschau 1956, S. 79.

Renger, W.: Die Stellung der Gläubiger im gerichtlichen Vergleichsverfahren, Betrieb 1951, S. 520.

Richter: Steuerforderungen im Konkurs, Konkurs und Treuhand 1927, S. 107.

Rieger, W.: Beteiligung eines Vergleichsgläubigers an einem konkursabwendenden oder konkursbeendenden Vergleich infolge Verzichts auf das Vorrecht, Betriebsberater 1953, S. 786.

Prugger: Die Umsatzsteuer im Konkursverfahren, Umsatzsteuerrundschau 1956, S. 10.

Prugger und *Höllig:* Die Fälligkeit der Umsatzsteuerabschlußzahlung und ihre Bedeutung im Konkursverfahren, Umsatzsteuerrundschau 1957, S. 77 ff.

Savigny, von: Römische Staatsverfassung, Zeitschrift für geschichtliche Rechtswissenschaft Bd. 6 Nr. V und Bd. 11 S. 20 ff.

Schumann, Paul: Gedanken über eine Reform der Konkursordnung, Deutsche Justiz 1935, S. 1210.

Skrotzki: Gedanken zur Erneuerung des Insolvenzrechts, Betriebswirtschaftliche Forschung und Praxis 1954, S. 38 ff.

— Ist der Konkursverwalter zur Kürzung von Lohnsteuer bei Konkursdividenden berechtigt? Konkurs-, Treuhand- und Schiedsgerichtswesen 1955, S. 7.

Spörlein, H.: Der Steueranspruch im Konkurs, Betriebsberater 1949, S. 686.

Theis, J.: Aktuelle Gegenwartsprobleme der Besteuerung, Betrieb 1950, S. 444.

Völk, J.: Nüchterne Betrachtungen über die „18 Punkte" des Kompromisses in den Reichs-Justizgesetzen, Annalen des Deutschen Reiches für Gesetzgebung, Verwaltung und Statistik, Jg. 1877, S. 450.

Vogels, W.: Auswertung und Neuerungen der Vergleichsordnung für eine Weiterbildung des Konkursrechts, Beiträge zum Recht des Neuen Deutschland (Schlegelberger-Festschrift), Berlin 1936, S. 190.

— Die Mängel der geltenden Konkursordnung und Vorschläge zu ihrer Beseitigung, Jahrbuch der Akademie für Deutsches Recht 1937, München-Berlin-Leipzig 1937, S. 213.

Voss: Der Staat als Fiskus. Ein Wort der Besinnung, Finanzrundschau 1957, S. 97.

Wall, F.: Grundsätzliches zur steuerpolitischen Lage, Wirtschaftsprüfung 1949, S. 52.

Warth, Paul v. d.: Vermögensabgabe und Kreditgewinnabgabe im gerichtlichen Vergleichsverfahren, Betriebswirtschaftliche Forschung und Praxis 1954, S. 305 ff.

— Die Auswirkungen des Lastenausgleichsgesetzes auf die Abwicklung von Konkurs- und Vergleichsverfahren, Betriebsberater 1953, S. 84 ff.

Warth, Paul v. d: Konkurs und Umsatzsteuer, Betriebswirtschaftliche Forschung und Praxis 1954, S. 109.

Weiss, F.: Zur Handhabung und Reform der Vergleichsordnung, Betriebsberater 1952, S. 297.

Weynen, Wolfgang: Reformbedürftiges Konkursrecht, Betriebsberater 1951, S. 453.

Printed by Libri Plureos GmbH
in Hamburg, Germany